丛书编委会

大家精要

丘处机

徐骆 著

Qiuchuji

陕西师范大学出版总社

图书代号 SK16N1497

图书在版编目（CIP）数据

丘处机/徐骆著. —西安：陕西师范大学出版总社
有限公司，2017.1（2024.1重印）
　　（大家精要）
　　ISBN 978-7-5613-7671-3

　　Ⅰ.①丘…　Ⅱ.①徐…　Ⅲ.①丘处机（1148—
1227）—传记　Ⅳ.①B959.92

中国版本图书馆CIP数据核字（2016）第320088号

丘处机　QIU CHUJI

徐　骆　著

责任编辑	郑若萍　陈柳冬雪
责任校对	舒　敏
封面设计	张潇伊
出版发行	陕西师范大学出版总社
	（西安市长安南路199号　邮编710062）
网　　址	http://www.snupg.com
印　　制	永清县晔盛亚胶印有限公司
开　　本	650 mm×930 mm　1/16
印　　张	10
字　　数	100千
版　　次	2017年1月第1版
印　　次	2024年1月第2次印刷
书　　号	ISBN 978-7-5613-7671-3
定　　价	45.00元

目　录

引　言

　　对于中国道家人物来说，可能除了老子、庄子、列子、抱朴子之外，最为当下老百姓所熟悉的就是丘处机了。他之所以被民众青眼相加，也是机缘巧合。曾经有一部香港武侠电视剧风靡全国，这就是金庸先生的成名作《射雕英雄传》。在这部影视作品里，丘处机是关键人物，发挥着穿针引线的作用，甚至不少武侠迷感叹到，要是当初丘处机没有路过牛家村，整个历史就要改写。的确如此，小说一开场，第一个令人眼前一亮的武林高手就是丘处机。他身穿粗布道袍，正值壮年，面容清瘦，风尘仆仆，手持长剑，行侠仗义，警恶惩奸，刚出场时手上就提着一个名叫王道乾的奸臣的首级，让人立刻感觉到一位武林人物的豪迈之气。正是他以靖康之耻为郭靖、杨康取名，也正是他杀退金兵，却留下伤员完颜洪烈被包惜弱所收留与照顾，从此发展出诸多恩怨情仇。由此一个个鲜活的人物陆续登场，大放异彩，有狡诈却又多情的杨康，憨厚耿直的郭靖，古灵精怪实则痴情的黄蓉……金庸不愧为香江第一健笔，所到之处，无不妙笔生花。但不幸的是，光芒四射的人物实在太多，武功高强的侠客更是层出不穷，丘处机就显得日趋平庸，最后消失在众多豪杰之中，茫茫大漠也成了其他英雄大展风采的舞台。

当然这一切只是小说家言，真实的历史往往出乎人的意料。首先丘处机并非虚构人物，更非浪得虚名，他被后人纪念。在道教史上，全真道是封建社会后期唯一能够与正一道分庭抗礼的教派。尽管全真道由丘处机的业师王重阳所创立，但真正使得全真道的教义日趋明确，为世人所接纳以至于趋于极盛则有赖于全真七子——马钰、谭处端、刘处玄、丘处机、王处一、郝大通和孙不二。丘处机尽管并非全真七子中最年长、最有修为之人，但却是真正将全真道发扬光大的顶梁人物。

其次他也并非是赏善罚恶、替天行道的武林侠客。小说之中的"刺奸贼、杀金狗"完全是子虚乌有之事。在真实的历史中，丘处机和金朝的上层人物之间是有来有往，甚至过从较密的。金世宗年老体弱，对道家的修身延寿之道兴趣甚浓，对作为后起之秀的全真道也是格外信赖。先是笼络王处一以求长生之术，后则器重丘处机请教延生之理。为了表达对丘处机的敬意，先是赐予丘处机巾冠衫系，继而为丘真人修道观，甚至还让皇亲国戚前去探问。而丘处机也为金世宗设坛讲经，剖析至理，甚至一度还想把全真道内丹修炼的不传之秘传授给金世宗。

至于"壮志饥餐胡虏肉，笑谈渴饮匈奴血""引刀成一快，不负少年头"，这种武侠人物的热血豪情，更是与丘处机无缘。作为道家人物，丘处机继承了"贵生""清虚""爱身""保真"等道家的基本精神。尽管他没有"十步杀一人，千里不留行"的壮举，但是却有远远超出武林第一高手的本领——劝善止杀。这也正是老子所言的："是以圣人常善救人，故无弃人。"他先后几次向成吉思汗提出寡欲止杀的意见，由此使得这位草原枭雄改变了以蒙古铁蹄践踏中原的想法，从而保全天下无数苍生。在获得金人和成吉思汗的特别授权之后，他还大开善门，四处奔走，分粮济馁，广修道场，以收徒之名拯救八方难民。而在民众罹难之后，他还斋醮（jiào）禳（ráng）禁，超度亡灵，为百姓虔诚祷告，在精神上给予苦难的同胞以巨大的安慰。这种济世为怀的风骨和气魄远远超出了江湖中的纷纷扰扰、打打杀杀，更加不是所谓的武林绝学能做到的事情。所以在这样的意义上，尽管丘处机不杀一人，但却是当时真正的侠之大者。

除了光大门楣、拯救苍生的笃行之外，丘处机还为道教的理论作出了极大的贡献。他留下的著作有《磻（pán）溪集》，其中收录的诗词共四百七十余篇。尽管他幼年未尝读书，成年后才得遇祖师，方能识字读经，但他资质聪颖、悟性奇高，所写诗文用词清雅明丽，尤其在写景抒怀方面更是行家里手，令人读来顿觉滋味深长，空灵脱俗。所以玉峰老人胡光谦在《磻溪集》序中大为赞赏，称他的词是："动容无不妙，出语总成真。"而清代以严谨著称，刻印校勘《十三经》的大学者阮元也在《四库未收书目提要》卷五中对其评价颇高："处机各诗，亦清真平淡，多可诵云。"他的这部诗集在当时对吸引知识分子、宣扬全真道教义发挥了重要作用。

今人可以看到的丘处机的著作还有《道藏》中题为"长春演道主教真人撰"的《大丹直指》二卷。这本书阐发了全真道的内丹理论及修炼方法。在理论上，他继承了王重阳三教圆融的观念，既吸纳了禅宗的"明心见性"的理论，也发扬了儒家讲究"道在人伦日用"的功夫，对"性"与"命""有为"与"无为"等范畴都有自己独到的创见；在修行方法上，他去繁就简，清除了不少晦涩附会的学说，以简明通俗、易于操作为特点，大力推进了当时道教的内丹理论建设，也是今人研究全真道的内丹修炼理论的必读书目。

另有丘处机的弟子李志常所记述的《长春真人西游记》。这部书讲述了丘处机的生平、因何缘由前往大漠深处、一路如何艰辛跋涉、最后如何劝化成吉思汗，还描述了所经山川道里及沿途所见风俗人情。这部书是研究 13 世纪中西交通、西域历史地理与气象及全真道历史的重要资料，在当时更是对提升全真道的历史地位大有裨益。国学大师王国维也十分看重此书，曾以一年多的时间潜心研究，并于 1926 年 5 月完成了《长春真人西游记校注》。他对书中涉及的历史地理有极为详尽的考证，为我们读通此书扫除了许多障碍，但可惜的是，王先生在书成之后的第二年便自沉昆明湖了。若以王先生的功力再作探究，《长春真人西游记》必有更多可挖掘的亮点。真是令后人扼腕叹息不已。

此外，丘处机所代表的全真道内丹修炼理论和他的西域之行对吴承恩的《西游记》创作也颇有影响。明清两代有很多学者如陶宗仪、陈士斌、张含章等人都认为《西游记》实为丘处机所作。直至后来经过焦循、王培荀等清代学者和鲁迅、胡适诸多当代大家的详细考证，才定下了《西游记》是吴承恩所作的论断。时至今日，丘处机作《西游记》之说又有波澜，但还缺乏力证。其中澳大利亚学者柳存仁先生的研究角度很独特，他在《全真道和小说西游记》中指出，《西游记》中所引用的很多韵文和语汇大多出自全真道内丹作品，《西游记》故事中的一些角色或物品也另有寓意，实为代指内丹术语。不管丘处机是否为《西游记》的真正作者，有一点基本可以断定，那就是《西游记》肯定与全真道，尤其与丘处机有着极为密切的联系。相信随着更多史料的出土和整理，我们会更加具体地了解两者之间的关联。

丘处机一生持守虚怀若谷、清净自然的道家理念，但又秉持忠信敦淳、悲天悯人的儒家情怀。他生逢乱世，世道虽衰微，但君子却自强。丘真人以真诚求道之心，谨行识、勤修为、去人欲、通大道、化君王、成大业。在铁蹄声声、索人魂魄的末世，他展露出方外之人的山林隐者之逸乐和冲虚飘灵之仙趣，以超越的精神抚慰身处绝境的黎民，帮他们消弭心中的痛楚忧伤。在哭泣连连、催人断肠的乱世，他也肩负起拯救天下苍生于水火的重任，不畏艰难险阻，不惧世人冷语，交权贵，勉霸主，以笃实的态度力挽狂澜于既倒之苦海，使得中国终归一统，又让中华文化在民族纷乱中薪火相传。正是如此，乾隆皇帝赞誉他"万古长生，不用餐霞求秘诀；一言止杀，始知济世有奇功。"这的确是对丘真人颇为中肯的评价。

第 1 章

生逢乱世

人一生的活动是极为丰富多变的，我们大多数人都无法预知自己会如何走完人生的旅程。但人的活动又必然是在一定的时间和空间之中进行的，所以不可避免要受到社会历史条件的规范和限制，所有的行为和观念都要打上时代的烙印。尽管丘处机不能与凡夫俗子同日而语，但他也无法逃避社会历史的掌控。要体察丘真人的人生选择和心路历程，我们就必须了解他所处的时代背景。

宋元前的道教

道教是中国土生土长的宗教。就其渊源来说，我们最早可以追溯到远古时期的自然崇拜和人神沟通的巫术。而至春秋战国时期，经过诸子百家理性化的洗礼，特别是融摄了当时道家、阴阳家和神仙方术之说，道教有了极为深厚的思想底蕴。至东汉末年，社会纷乱，苦难重重，民不聊生，哀鸿遍野，当道教以救苦救难的面貌出现在世人面前时，立刻就被天下黎民所尊崇，成为中国本土非常强大的宗教。

以收录全真道碑记为主的元代《甘水仙源录》中说："道家者流，其源出于老庄，后人失其本旨，派而为方术，为符箓、为烧炼、为章醮。"的确，在宋元以前道教最主要的门派就是符箓派和金丹派。前者以《太平经》为本，以符箓为传教布道的主要形式。"符"的本义是相合，后来逐渐演变为帝王下达指令或调兵遣将的凭证，由此，"符"成为政治权力的象征。所以在古代文献里，常出现兵符、虎符、符信、符节、符玺等词。而符箓派的道人则认为，尘世间的帝王无疑是拥有权力的，但天界的神仙所拥有的权力更大。得到人间帝王的授权，尚且能耀武扬威；倘若得到天神的青睐，则更是无上荣光。人间的"符"在将相手中，而天界的"符"则在道士手中，所以道士凭借"符"替天行道，拥有斩妖除魔的能力。这种"符"在形式上是用朱笔或墨笔所画的一种点线组合，有字有图，配以一些变体后的神秘文字，被认为有驱使鬼神、治病禳灾的功能。而"箓"则是尘世帝王自称其所谓天赐的符命之书，符箓派的道人也借此意表示自己与天神相通，如南朝名道陶弘景就说："箓者，本曰赤文洞神式。"这里的"赤文"也就是朱笔，"洞神"则是通神，合起来的意义就是用朱笔写字达到和神灵相通。这个意思和前面的"符"的含义基本一致，所以合在一起，称为"符箓"。符箓派的这种观念影响深远，譬如王安石在《元日》一诗中就说："千门万户曈曈日，总把新桃换旧符。"这里"旧符"指的就是桃符，即用桃木做的两块大板，上面分别书写上传说中的降鬼大神"神荼"和"郁垒"的名字，用以驱鬼压邪。时至今日，我们仍然在民间可以看到不少符，如日常生活中人们常说的护身符、平安符、姻缘符、连心符等等。

符箓派的理论较为简单，若在日常操作过程中善于利用，那么神秘的仪式加上神奇的效果，必定会吸引大批民众。事实证明确实如此。东汉末年的五斗米道便是以符水为百姓治病。《三国志》和《后汉书》中都有用符水治愈疾病的详细记录。因为效果明显，一时信众如云。又因五斗米道的创始人为张道陵，道教史上又将张氏三代称之为"三张"或"三师"，所以五斗米道又名为天师道、正一道。此教派一直延续至今。

金丹派相对于符箓派而言，较为重视理论建设，它不如符箓派那么简单易行，但因理论上极具特色，对知识分子阶层有较大的吸引力。这一派以《周易参同契》为本，该书作者名为魏伯阳，正史上无记载，晋代道家葛洪（抱朴子）的《神仙传》中尽管论及此人，但所费笔墨甚少，且无具体事迹，所以我们能够了解到的就是魏伯阳是汉桓帝时期的人，好道术，不仕宦，精通诗律文辞。《周易参同契》讲的是什么内容呢？从书名上，我们可以知道，它与《周易》有着十分密切的联系。朱熹就说："参，杂；同，通也；契，合也。谓与《周易》理通而义合也。"也就是说，它是以《周易》作为指导思想的。但这本书并不是对《周易》作发挥，而是用《周易》爻象的神秘思想来论述炼丹修仙的方法，其内容有三：御政之道、养性之理、服食之法。后两者就是我们常说的炼丹术和养生术。但《周易参同契》谈炼丹，并非只限于外丹炉火，即如何通过丹炉炼制金、汞等药物来制作长生不老之药，而是内外兼修，在内丹上费了不少笔墨。总体来看，该书是既肯定外丹，又提倡内养；既批判了片面借助药物的观念和一些错误的炼丹之法，又对一些不正确的内丹路数给予指正。所以后世学者，不论是力主外丹之术，还是大倡内丹之法，抑或是内外兼修，都可以在《周易参同契》中找到理论根据，大受启发。所以，这本书被誉为"万古丹经王"，而《四库全书总目》说："后来言炉火者，皆以是书为鼻祖。"但令人惋惜的是，金丹派在后世的发展中，尤其是在宋元之前，不少道教中人都选择性失声，一味地强调外丹修炼之法，而对魏伯阳书中所提出的批评意见避而不谈，其结果自然是将曾经发生过的悲剧反复地上演。

　　道教的派别是极为复杂的，除了符箓派和金丹派之外，还有其他的教派。甚至就教派内部而言，还可以进行细分。但总体上而言，不管是道教的哪一派，虽然各自在修为上的方法有别，但在宋元之前有一点却是一致的，那就是都致力于长生久视。甚至时至今日，道教之所以能够吸纳广大信徒的缘由之一仍然是这种神奇效用。只不过由往日的金丹符水变成了名目繁杂、号称"科学配方"的保健品而已。令人唏嘘不已的是，历史的教训虽然言犹在耳，但重蹈覆辙的行为却历历在目。在古代医疗水平和认识水平都较为落后的情况下，一方面符箓派吹嘘符水包治百病，一方面金丹派推销金丹续命延寿，道教在民众的心目中久而久之便成了玄妙神通的象征，仿佛只要一心求真悟道，便可脱离苦海，逍遥自在。至于王公贵族，日日笙歌艳舞、锦衣玉食，则更是不惜千金，希望换得世间长存。道教便是如此从心理上、从现实功利的层次上满足了很多人的需要，日趋庞大起来。

　　在南北朝时期，道教还直接与世俗权力结合在一起。北魏的几个皇帝都是道教信徒。道武帝拓跋珪、明元帝拓跋嗣都是服食丹药中毒而死。在前面两个国君都毒死的情况下，太武帝拓跋焘仍然选择了信仰道教，而且是极为热心的崇奉者。他拜道士寇谦之为"天师"，甚至听从寇谦之的建议，将国号改为"太平真君"。后来还听从宰相崔浩的建议，砸毁寺庙、毁坏经像、要悉诛天下沙门，成为中国历史上第一个灭佛的君王。北齐、北周的统治者也对道教青睐有加，大力扶植。

至唐朝时，道教得到进一步发展。唐高祖李渊在武德八年（625）颁布的《先老后释诏》中明确规定道教在儒、释之上，他说老子为"朕之远祖"，自己是"神仙之苗裔"，以李耳的后裔自居。至于唐太宗李世民，亦是崇道抑佛，至晚年的时候更是迷信神仙方术。为求长生不老，他不仅迷恋中国道教的修炼方法，对外国的炼丹术士也深信不疑。清代学者赵翼认为，唐太宗就是服食丹药而毒发身亡的。唐高宗李治承续之前的崇道政策，他将老子尊封为"太上玄元皇帝"，还把《道德经》规定为科举考试的必考内容。甚至连唐高宗死前的最后一件事都和发展道教相关。据《旧唐书·高宗本纪》，他驾崩那天正在宣告兴修道观的诏书。唐玄宗李隆基亦是大力提高道教地位，至此道教在唐代已臻于全盛。他诛杀韦、武党时，就得到过"善于占兆"的道士冯道力的密布"诚款"，登基后，他本人则多次亲自到太上玄元皇帝庙中祭拜，并设置崇玄馆，规定道举制度，设置玄学博士，以"四子真经"开科取士。他还亲自为《道德经》作注，并将之列为群经之首。他还迷信斋醮，以致爱屋及乌，对各种斋醮乐曲也入迷起来。唐玄宗对道教的狂热，一时间在社会上掀起了奉道的热潮，如宰相李林甫要把宅院改成道观，大诗人贺知章请为道士，连诗仙李白也不能免俗，加入了道教。

唐玄宗之后，道教是绚烂至极而复归于平淡。但这种平淡只是减缓了发展的速度而已。唐肃宗、代宗、德宗都信奉道教祈禳之术；而唐宪宗、穆宗、敬宗、武宗和宣宗等都迷信丹药之方。其中唐武宗李严和当年的玄宗一样，对道教极为狂热，他拜道士赵归真为师，以极尽奢豪之能事来修建宫中道观，而后在赵归真的怂恿和宰相李德裕的支持下，再加上当时民间流传的谶（chèn）言"十八子昌运方尽"，唐武宗下令毁道场佛经像，安置天尊老君像，勒令僧尼还俗，没收财产，寺庙限期拆毁。当五台僧人逃亡幽州之时，李德裕下令封锁居庸关，凡有游僧入境则斩之。武宗由此成为"三武"灭佛中的最后一位。因为武宗的年号是会昌，所以这场灭佛活动在佛教史上也称为"会昌法难"。在灭佛之后，唐武宗对道教的崇信是有增无减。而赵归真为他供奉的金丹也的确具有神效：他吃了之后，自觉精神陡长，阳兴甚酣，一夜连御数女。如此一来，他对丹药愈发痴迷不已。久而久之，日渐枯槁，赵归真又以脱胎换骨为托词，而唐武宗深信不疑，终于病入膏肓，毒发身亡，年仅三十三岁。因此待唐宣宗李忱即位后，便将赵归真杖杀。但等到宣宗晚年的时候，他又重蹈覆辙，迷信起丹药来，召见道士轩辕集，寻求治身之法，在服用了太医李玄伯所制的长生之药后，"病渴而中燥，疽发背而崩"，终年四十九岁。而在这两位帝王之前，唐穆宗亦是服食丹药，暴病而亡，年仅三十岁。这正是应了杜牧在《阿房宫赋》中的一句话："人不暇自哀，后人哀之，后人哀之而不鉴之，亦使后人而复哀后人也。"历史就是这么残酷，而之后的帝王仍然有"明知山有虎，偏向虎山行"之人，如明世宗朱厚璁（cōng）、明光宗朱常洛、明熹宗朱由校等都是因服食丹药而死。

到了五代十国，中国形成了一个封建分裂割据的局面。尽管不少统治者对道教仍然崇信和扶持，但毕竟处于自顾不暇之境，道教在整体上处于发展的低潮。即便如此，仍然有一位君王因为迷信丹药，葬送了自己的性命，这就是南唐烈祖李昇（biàn），他与唐宣宗一样，背上生疮，病情恶化而死，终年五十六岁。

道教走过了低谷，在北宋又迎来了新一轮的高涨。宋太祖赵匡胤在还未做皇帝之前，就和道教中人有来往。至今民间还流传着华山道士陈抟与宋太祖对弈棋局，赵匡胤输掉华山的故事。相传当陈抟听说赵匡胤登极时，欣喜若狂，手舞足蹈，以至于从驴背上跌落下来，笑道："天下这回定叠也！"陈抟学养高深，身具种种神通，尤以睡功闻名于世，有紫微斗数和《太极图》传诸后世。尤其是《太极图》影响极大，如果要对宋明理学追根溯源，那必然是以周敦颐的《太极图说》为发端，此《太极图说》就是对陈抟的《太极图》作诠释。陈抟在赵匡胤建立北宋的过程中也发挥了不小的作用。因此，在赵匡胤平定天下之后，对道教积极扶持，对道人礼遇有加，常常是登门求教。他还整顿"寄褐"陋习，考核道士学业，帮助道教进行组织建设和素质提升。宋太宗赵光义对道教徒的召见更为频繁，特别关注外丹修炼之法、广修道场、搜集道书。宋真宗赵恒亦是道教的崇信者，他以托梦、祥瑞等形式制造神话，臆造出道教中的一个赵姓之神作为自己的圣祖，效仿唐朝，把国运和道教的神仙联系在一起。他还亲自制订了有关朝拜圣祖的乐章，甚至还编撰了一些"天书"，来神化赵宋王朝的统治。到了中晚年，他大修宫观，铺张奢华，以至于国家财政愈发困乏。在他驾崩之后，宋仁宗干脆把宋真宗编造的"天书"一同殉葬。极为讽刺的是，存放这些屡传神意的天书的昭应宫在宋真宗过世七年后突遭雷击，被大火焚为灰烬。道教在北宋的发展至此亦将要走向巅峰，这巅峰的制造者当然就是让北宋灭亡的宋徽宗。

宋徽宗求仙弃政

宋徽宗风流儒雅、聪颖灵敏、多才多艺，是一位难得的艺术天才。他在书法上独创"瘦金体"，形体瘦细峭硬，却又有腴润洒脱的风骨；绘画上观察入微，如他曾写道："孔雀登高，必先举左腿”，同时力主诗词意境入画，曾以“踏花归去马蹄香”“山中藏古寺”为题考核画师。可惜的是，艺术的天分并不能用来治理天下。元代修《宋史》的脱脱在作《徽宗记》时也评说道："宋徽宗诸事皆能，独不能为君耳！"赵佶原本没有当皇帝的打算。当时的朝廷大员章惇也说："端王轻佻，不可以君天下。"但造化弄人的是，宋哲宗二十五金岁便辞世而去，膝下无子，而赵佶是哲宗的次弟，于是在这种机缘巧合之下，被太后、曾布、蔡卞等人推立为帝。

宋徽宗登基之后，起初亦有匡扶天下之志。他的年号“建中靖国”意思就是建立中正之道，国家祥和安定。但毕竟年少轻佻，缺乏厚重笃实的精神，加上奸臣当道，很快他便厌倦政务，沉溺于纸醉金迷之中。宋徽宗在为端王时就崇信道教，他自称梦见“老君”对他面授机宜："汝以宿命，当兴吾教。"即位之后，蔡京则投其所好，不断地引进道士讨好徽宗。本来的信仰加上奸臣的推波助澜，徽宗对道教的热忱一发不可收。他大兴土木，兴建宫观。即位第二年便在京师建长生宫。之后不到二十年间，他兴修的大规模的道观就有十多所。他还仿照朝廷官吏品秩，设立道官、道职。其中最高的职位是“金门羽客”，可随身携金牌，直接出入禁宫。他对宠信的道士出手也极为阔绰，每次国醮要花费“沉香一百两、脑子十两、降真三百斤、黄蜡一百斤、官会十万贯”，而授有道职的道人除享有俸禄之外，动辄获赏十万，每一观赐予的田地也不下百千顷。宋徽宗对斋醮极为诚心，他在大观元年（1107）令人集成《金箓灵宝道场仪范》四百二十六部。政和五年（1115），又制《金箓中科仪》《金箓右科仪》颁行天下。除了亲自制定仪范，徽宗还亲自斋醮，而且极为频繁，几乎是日日斋醮，虔心向道。至此，北宋的道教几乎臻于极致。北宋的覆灭和道教的改革只欠"骆驼背上的最后一根羽毛",而林灵素正是这根羽毛。

林灵素原名林灵蘁(wù),温州永嘉人,原为佛教中人,但因嗜酒被寺庙逐出门外,由此才改从道教。他容貌异常,举止神异,作《神霄谣》引起了左道录徐知常的注意。于是徐知常将该诗文献上,徽宗看后,大加赞赏,认为是神仙妙语。于是命令徐知常引林灵蘁入见。林灵蘁与徽宗一见面,就大谈神仙之事。他说天下有九重霄,神霄为最高。上天的长子神霄玉清王就居于此地。神霄玉清王下降于凡尘俗世便化为宋徽宗。至于蔡京、王黼(fǔ)、盛章、王革、童贯等大臣亦是神仙下凡,以辅佐徽宗成就大业,甚至贵妃刘氏也是九华玉真安妃转世。宋徽宗本来就自命不凡,在与林灵蘁相见的前三年,他自称在玉津园看到天神降临,还亲作《天真降临示现记》颁示天下。林灵蘁的这番话一则合他心意;二则能够以神灵之名为自己的赵氏江山正名树威;三则八面玲珑,讨好了徽宗身边的众人,所以徽宗听罢便欣喜若狂,油然而生相见恨晚之感。于是当场御书改灵蘁为"灵素",赐号"通真达灵先生",又赐金牌,随时可出入禁宫。之后林灵素在徽宗面前展露一手"神霄五雷法",召呼风霆,又有小雨验之,如此一来,徽宗对林灵素更加信任,自己对道教愈发虔信不已了,后来干脆以道教教主自居,让道录院册封自己为"教主道君皇帝",自称为"昊天上帝元子,为大霄帝君"。林灵素也成为了统领"金门羽客"的宗主。至此,徽宗走上了一条疯魔神鬼的不归之路,而道教的发展也终于达到了顶峰。

两晋、南北朝、唐代以及五代十国的多位君王因服食丹药而毒发身亡,使宋代的君王大多都对外丹抱有谨慎的态度。长生久视之术和斋醮符箓之法好比道教发展的两翼,宋代君王既然不重视丹药,那么只有从斋醮上入手。而宋徽宗正是一个对道教的斋醮极为迷恋之人。正如前文所说，他不但日日斋醮，还亲制仪范。林灵素的花言巧语实质上和皇帝的新衣一样不堪，但糊涂的徽宗却执迷不悟。引导徽宗自封为道教教主之后，林灵素又怂恿徽宗大修宫观，前后光修建神霄宫就有四百多座，每座神霄宫的修建都十分奢豪，殿宇雄壮，里面的各种设施齐备。若地方官吏在修建时有所怠慢或不合仪范，必受严惩。此外还须赐予观中道人田产千亩，由此引发了地方上诸多田产争端。至宣和六年（1119），国库亏空严重，仅左藏库的亏空就达一百七十九万缗（mín），以至于金兵入侵时，朝廷已经无力支付军费，只有通过没收僧道的香火钱、妓女的皮肉钱来充军资。在如此亏空的情况下，徽宗是"不问苍生问鬼神"，对斋醮、修观等仍是乐此不疲，认为一切自有安排，既然道教的神仙们都在下凡人间，左右辅佐，天下之事，何足为患？种种败象和窘迫在他看来只不过是上天对他的试探而已。在这种情况下，地方官吏也只有对百姓加重盘剥，致使民怨沸腾。《水浒传》实际上正是当时民间真实情况的写照。因此若没有金兵入侵，宋徽宗的这种倒行逆施，亦必会自取灭亡。而金灭北宋，正应了孟子所言"国必自伐，而后人伐之"。

所幸的是在他登基之始，面对的主要威胁——辽国也由盛而衰。中原是道教兴盛，辽道宗耶律洪基则是痴迷佛教，劳民伤财，矛盾凸显。辽道宗病故之后，耶律延禧即位，史称天祚帝。这位皇帝和徽宗，一个好佛，一个喜道；一个亲小人，一个远贤臣；一个好驰骋畋猎，一个痴书画音乐。两个人的出现仿佛是上天为女真族兴起而特意安排的。这两者略微不同的是，天祚帝的昏庸所受到的惩罚来得更及时和猛烈。1113年，女真族的杰出领袖完颜阿骨打一统女真各部，屡败辽军。1115年，称帝建金国。这意味女真族的战鼓声越来越响，也越来越近了。

在政和四年（1114）的时候，宋徽宗居然心念一动，想起抵御外患的正经事。于是派童贯出使辽国，一探虚实。而在童贯窥探辽国究竟之时，恰有一辽人马植前来献灭辽之计。童贯不费半点功夫，就得除患良策。于是将马植带回京城，会见徽宗。马植所说的计谋其实并不玄妙，他在徽宗面前痛斥天祚帝的无能腐朽，又极力渲染辽国的民族矛盾和女真族的勇猛作战，建议徽宗与金结盟，一并灭辽。宋徽宗听后大喜，火速派人联金灭辽。但却没有想到，辽虽是外患，但辽宋之间和平已久，辽的存在乃是北宋抵御日后金元的天然屏障，天祚帝虽然不堪，但毕竟辽宋是唇亡齿寒的关系。宋徽宗这次的决策失误无疑加速了北宋的灭亡。宣和二年（1120），宋金双方终于签订盟约，夹攻辽国，宋军取燕京，金军取中京大定府，辽亡后，燕云地区归还北宋，北宋则将之前交纳给辽的岁币转呈给金。等战事开始时，北宋几十年来的积弊在战场上暴露无遗。尽管有金军牵制辽军，北宋数十万大军两次攻打燕京还是大败而归，最后燕京被金人所取，而北宋朝廷只有以每年加付一百万贯钱的代价从金人手中换取燕京。这次的宋金联盟，虽然取得了灭辽的胜利，却将北宋颓弱不堪的军事和富庶繁华的中原暴露给了金人。于是金人在取得辽的大片土地和北宋的大量财富之后，理所当然地把北宋作为了下一个目标。

宣和七年，金兵大举南下，金军进抵燕山府，守将郭药师投降，随后直扑东京。宋徽宗见识到金人的厉害后，十一月遣使求和，十二月急忙传位于太子赵桓，即为宋钦宗。钦宗正式登基之后，改元靖康。1126年，即靖康元年，金军不理会钦宗的划黄河为界、共分天下的提议，继续进攻。终于攻陷东京，十二月钦宗投降。次年，金军携宋徽宗、宋钦宗北还，大获全胜，北宋由此灭亡。而就在短短的一年多负隅顽抗的时间里，宋徽宗仍然痴心不改，以"教主道君太上皇帝"自居，希望天降神灵，扭转乾坤。而宋钦宗亦是病急乱投医，仍然对符箓方术抱有希望，相信一个名叫郭京的士兵，此人声称懂得"六甲法"，用七千七百七十七人可生擒金将退敌。这种无稽之谈居然被钦宗采信，于是大开城门，让他坐城楼施"六甲"之法，结果却是开门揖盗，皇帝嫔妃、满朝文武都成了阶下之囚，而郭京乘机南逃，不知所踪。而徽宗尽管身陷囹圄，却仍然是执迷不悟，身着紫道袍，头戴逍遥巾，保持道士的装束，崇道的思想至死不渝。

屠杀、奴役和绝望

　　当徽、钦二帝被掳走之后，留下来统治中原百姓的金人并非善辈。宋高宗建炎二年（1128），金廷元帅宗翰进军洛阳，此后连下襄阳、均州、房州，攻下唐、蔡、陈三州及颍（yǐng）昌府。金人各路军马纵兵掳掠，杀人如麻，流血漂橹，尸骨堆积如山，臭味数百里。次年，山东地区上演着史无前例的人间惨剧，一面是兵荒马乱，百姓诚惶诚恐，一面是洪灾决堤，粮食颗粒无收。夏日的酷暑炙烤着饥肠辘辘的人们，长期以来生不如死的日子已经让所有人丧失了最后的底线，终于发生了人吃人的事件，甚至还有不少人用车去哄抢尸体，像囤积粮食一样囤积干尸。这一年，建康（今南京市）、苏州、杭州先后被金军占领，宋高宗只有逃于海上。要不是江南水乡复杂的地理环境和炎热的气候等不利因素，金军几乎就可以完成一举荡平宋室的使命。建康被占之后，金军烧杀掳掠，繁华的城市几乎化为灰烬。金军在苏州肆意掳掠女子，纵火烧城，大火接连百余里，五日方灭。富丽的杭州亦是惨遭洗劫，金军北归之前纵火大烧三昼夜，百姓苦不堪言。这一场战争下来，中国北方的人口几乎是遭到了灭绝性的打击，"十室九空""白骨蔽野"；而南方亦是遭受重创，当时治史严谨的学者熊克说："比年大兵所过，恣为剽掠，有甚于贼。"

在入主中原后，金廷元帅宗翰首先采取的统治政策就是残酷的民族压迫。他逼迫汉人脱下自己的汉服，并像金人一样雉（zhì）头辫发。被掳掠的汉人上至皇亲国戚、公卿大夫下至走卒贩夫、流民乞丐都沦为奴隶。一个金人的铁匠，用八两金就可以买到一个亲王女孙或相国妻女或进士夫人。徽宗嫔妃和宰相妻女中的年长者则沦为洗衣妇。至于身份卑微的百姓，金兵也是大肆搜捕，凡是被他们所抓住的人，都在耳朵上刺一个"官"字，不是押送到云中地区，就是散养在民间，像猪狗一样标价出卖；还有的被押到鞑靼、西夏以换取马匹，也有的卖给蒙古、高丽为奴。

这样的惨剧几乎每天都在上演。在黄河和淮河之间，金人还建立了一个傀儡政权——大齐，册封降将刘豫为大齐皇帝，此人不学无术，厚颜无耻，抗金不力，奴颜婢膝。可就是面对这种斗筲（shāo）之徒，南渡的宋室都惶恐不安，将之奉为一国之主。而刘豫作为金人的爪牙在祸害百姓上更是有过之而无不及，他屠杀异见分子，以各种手段聚敛钱财，建立保甲制度，还屡次向金人献计遏制南宋，并配合金兵南下战争。百姓在他的统治之下，过着暗无天日的日子。尽管如此，刘豫毕竟能力有限，既无作战之功，又乏实质良策，最后被金人废黜。

百姓处于这样的困境，剩下的唯一希望就是刚成立的南宋政权。可是南宋的统治者却并没有顺应民心，而是偏安一隅，苟且偷安，打着自己的小算盘，哪管天下苍生的苦难。宋高宗一个多月的海上逃难让他对金人的屠戮深为恐惧，但他在临安安定下来之后，心中更害怕的是万一真的让李纲、宗泽、韩世忠、岳飞等这些主战派收复中原后，徽、钦二宗必定会重回皇位，而自己又只能退为藩王，说不定还追究自己的抗金不力。于是他在局势稳定并有所改观的情况之下，选择了求和保皇位的道路。建炎四年（1130），在战事极为有利的情况下，他和秦桧合谋，频频向金廷求和；在绍兴十年至十一年（1140~1141），岳飞北伐中原，一口气收复了颍昌、蔡州、陈州、郑州、河南府、汝州等十余座州郡，金军军心动摇，金兀术准备连夜从开封撤逃。眼看局面要扭转乾坤之时，朝廷连下十二道金牌，急令岳飞"措置班师"，随后诬告岳飞谋反，以"莫须有"之罪冤死岳飞，还将其子岳云腰斩于市。然后与金廷签订丧权辱国的《绍兴和议》，保住了自己"儿皇帝"的龌龊地位。

事至于此，百姓十年多来好不容易燃起的希望之火，彻底被南宋的昏君奸相浇熄。活在这样的人世间，除了绝望，还是绝望。为了渡过这段艰难旅程，人们需要心灵的慰藉和寄托，需要灵魂的劝慰和安定，于是人们再次把目光投向宗教，希望宗教能以超越的精神、解脱的情怀、神通的法门卸下他们心灵沉重的负担。在这样的背景下，道教要以全新的面目登场了。那么谁能当此重任？这当然离不开以王重阳、丘处机为核心的全真道。陈垣先生在《南宋初河北新道教考》中把全真道就看作新道教的主要代表，他说："全真之初兴，不过'苟全性命于乱世，不求闻达于诸侯'之一隐修会而已。世以其非儒非释，漫以道教目之，其实彼固名全真也。若必以为道教，亦道教中改革派耳。"而元代虞集在《道园学古录》中对全真道的评价更为精准："昔者汴宋之将亡，而道士家之说，诡欢益甚，乃有豪杰之士，佯狂玩世，志之所存则求其返真而已，谓之全真。"乱世出英雄，王重阳、丘处机，他们的时代终于到来了！

第2章

祖师重阳

王重阳是全真道的创始人。他原本也是世俗之人，但目睹国家之败亡，理想之覆灭，终于洞彻到尘世之路并非是实现人生价值的唯一之途，由此超然物外，大彻大悟，不再留恋红尘俗世，转而开宗立派，教化众生，终于凭坚忍不拔的弘道精神扭转道教颓丧之势，以全真道的新面貌重临于世。了解王重阳的蜕变，就可知晓全真道的本源，也才能体会丘处机求真悟道的艰辛和努力。

未了尘缘

王重阳原名王中孚，字允卿，于北宋政和二年（1112）腊月二十二日出生在金京兆府终南，即现今的陕西终南县。他的家庭环境十分殷实，富甲乡里。他的先人居于渭北咸阳市大魏村，至王重阳的祖父时，在附近的终南县购置了几块风水宝地，修建起别墅，于是举家迁居过来。他的父辈有兄弟三人。他的父亲排行老二，早于其兄而亡，所以主要由伯父掌管家庭的大小事务。其伯父精明能干，将家族事业经营得井井有条，成为当地的望族之一。关于王重阳的出生，颇具有传奇色彩。据《全真道祖碑》称，王重阳是其母受孕二十四个月又十八日方生，正好对应着二十四节气，所以非比寻常，具有成为真人的先天禀赋。《历世真仙体道通鉴续编》上也说，王重阳的母亲是做了一个神奇的梦，然后才有身孕。诸如此类的奇异说法不再赘述。究其根本而言，无非是全真道的后人为神化祖师杜撰出来哄骗愚夫愚妇的说辞。与宣称老子在其母腹中受孕八十一年方生，且"生而皓首"之类的神迹如出一辙。不过王重阳相貌堂堂、仪表过人，确有其事。好几本不同的文献都有同样的描述："美须髯，目大于口，声如洪钟，面若冠玉，身长六尺有余，气象浑厚，倜傥清虚。"

祖师并非生而知之者，幼年时也并不出众，他在《悟真歌》中写道："余当九岁方省事。"他的幼年时代正是徽宗执政的中后期，尽管社会矛盾和民族矛盾日趋尖锐，但整体环境相对比较稳定，所以他从小能接受良好的教育。当时的童蒙是以儒学为宗，所以他曾对"九经圣典"下过一番苦功，在经史方面也早有心得。这些早年的知识储备为他日后会通儒、道、释三教理论打下了良好的基础。

等到王重阳初长成时，却遭遇国家民族的大变故。十六岁这一年，他目睹了北宋的灭亡和金人铁蹄肆意践踏的凶残。处在人生中最满怀希望、最充满朝气的年龄，却不得不接受如此残酷和绝望的现实，满腔的热血豪情与冰冷刺骨的现实第一次交锋，并没有让他心灰意冷，他仍然试图在乱世中建立功业，闯出一条自己的路。

王重阳所居的陕西终南县，是当年宋金交锋最激烈的战场之一，自靖康二年（1127）年底至建炎四年（1130），宋金之间大战小战共百余次。战争的频繁，促发了王重阳保家卫国的爱国热情，他一边修文，一边习武。从后世文献的记载来看，尽管王重阳的武功没有达到金庸笔下"中神通"的境界，但亦是卓越不凡。他既通经史，又晓武略，膂（lǚ）力过人，犹善骑射。还没等到他为赵氏江山驰骋疆场，建功立业，宋军已经全面溃败，而陕西也落入金人的傀儡政权大齐的版图之中了。意气风发的王重阳难免有些灰心丧气。他唯一能做的就是积蓄力量，以待时机。

南宋绍兴三年（1133），刘豫的大齐政权为了笼络人心，重开科举之路。王重阳寂灭的人生似乎又燃起了希望的火种。他才思敏捷、文采斐然，在京兆府路举行的府试中成绩名列前茅。这样的文才按理说要在大齐谋取一官半职根本不是问题，但造化弄人，冥冥之中却另有安排。王重阳在会试考试中，因为文辞中有些观点逆忤长官的心意，而被罢除功名，失意考场。满腹经纶的王重阳想不到自己一身正气、仗义执言却落得如此狼狈的下场。于是借酒浇愁，日日酣醉。

一次打击还不足以断绝王重阳的尘世路，要让他看清身上肩负的使命，还需要更多的磨炼。在数年之后，王重阳总算获得官职——甘河镇酒监。关于这官职的得来，至今争论不休。主要意见有两种：一种认为，王重阳在金熙宗皇统年间（1141~1148），应试金廷武举，遂中甲科，中举后授予官职；一种认为，王重阳并未参加武举，只是有参加的意愿，他的官职是随金军收复陕西得军功后授予的。不管是何种情况，王重阳由此开始走上了尘世间大多数人所热衷的"正途"。此时的王重阳还没有脱胎换骨，对功名利禄、光耀门楣等世俗成就还是孜孜以求的，所以他在等待授予官职的过程中，为名利迟迟不至所煎熬，他自己说："豪气冲天恣意情，朝朝日日长波醉。压幼欺人度岁时，诬兄骂嫂慢天地。不修家业不修身，只凭望他空富贵。"从摘引的诗文来看，他的心境此时极为焦躁郁闷，常常愤懑不已，家人成了他的出气筒，而他自己用看似放浪形骸的行为来逃避现实的痛苦。

正式就任甘河镇酒监的时候，王重阳已经年过四十了。"四十而不惑"，到了这个年纪应该是功业已有小成，人生局面正处在蒸蒸日上之时。王重阳却仍然是一筹莫展。酒监是比较低等的官阶，日常事务主要有二：一是收酒户课税；二是低价收回酒户的全部成品，然后高价卖出，禁止民间交易，官方垄断专卖，获取高额利润。根据金政府的规定，每个酒监在任期里必须达到一定额度的课税量，否则就要受到降职夺俸的处置。这种差事就其实质而言，与其说是为官一方，造福乡人，不如说是巧立名目，强取豪夺。如果王重阳是一个敛财贪婪的人，那么这个酒监自然是肥缺，也乐得中饱私囊；但王重阳文武双全，胸怀大志，并非蝇营狗苟之辈，就任这样一个小官吏既有违他从小接受的以济世为怀为本的儒家教育，也束缚着他的拳脚，使英雄无用武之地。

此外，王重阳也很难与当时的权贵苟合。当时的金朝统治者海陵王完颜亮生性残暴荒淫，既弑君弑母，又夺妻杀夫。完颜亮还赤裸裸地表露自己的心迹，他说："国家大事皆自我出，一也；帅师伐国，执其君长问罪于前，二也；得天下绝色而妻之，三也。"如此坦言好权、好战和好色，可谓是古往今来第一人。所以元代史家脱脱称他为"天下后世称无道君主以海陵为首"，这也算是另类的"彪炳史册"了。王重阳对此是耳闻目睹的。这等君王的行迹，寻常路人亦不齿。更何况王重阳是堂堂七尺男儿，心怀豪情壮志，不能匡扶宋室，拯救苍生于水火，已属憾事，又屈从金朝，卑为小吏，更是羞辱。若要他对金廷尽忠职守，真是折杀英雄了。

因此，年过四十的王重阳不得不重新思考自己人生的方向了。他叹息道："孔子四十岁能够做到没有困惑，孟子四十岁能够做到毫不动心，而我如今已经年过四旬，却还在吃着腐烂腥臭的东西，穿着官服、怀揣金印，这不是天下最愚蠢的事吗？"由此，王重阳似乎已经领悟到了常人所追求的尘世之路并非一条属于他真实本性的坦途。

甘河遇仙修真道

除了仕途黯淡，还有一件事让王重阳有所领悟。那就是亲人的离世。最早是他的祖父仙去，享年八十二岁。然后是父亲西游，享年七十三岁。最后是伯父谢世，享年七十七岁。本来人生七十古来稀，他的先辈算起来都是高寿。但王重阳发现家族的寿命呈递减的趋势，想到自己已过而立之年，却毫无建树，顿感生命无常，时不我待。人生是短暂速朽的，要克服这一点，古人有云："立德、立功、立言。"但要实现这三者中的任何一个，都不是容易的事。既需要长时间的积累，又需要恰当的时机。而这两者对于身为酒监的王重阳来说，更是困难重重。

在四十八岁的时候，王重阳的失意和落魄愈发沉郁，终于有一天，他长叹一声，随后毅然辞官解印，换得一个逍遥身。他到附近的刘蒋村另觅一处居室，干脆狠下心来，抛弃家人，挥霍着家产，每天用酒精的刺激来麻醉自己内心的痛楚，让自己在恍恍惚惚之中忘却世间的烦恼。他的酒量越来越大，酒瘾也越来越深，常常喝醉了之后放荡不羁，呵祖骂佛，不守礼法。起初人们还搀扶着他回家休息。时间长了，人们也越来越厌弃他。甚至在他喝醉之后，索性把他绑在桥的栏杆上，任他指天骂地，胡言乱语，待到他略微清醒并请人松绑时，众人也不施援手。后来人们给他起了一个外号叫"害风"，在陕西方言里，这个词的意思就是疯疯癫癫、神神道道。比较有意思的是，当王重阳听到别人如此称呼他时，他的态度是欣然接受，连连称是。他后来亦用一首诗来表露当时的心迹："四十八上尚争强，争奈浑身做察详，忽而一朝便心破，突成风害任风狂。"从这首诗来看，王重阳当时实际是刚刚由入世转出世，正处于断尘缘、解俗缚的过渡期，他的狂妄放达，实际上是有意为之，真正的意图还是挣脱名缰利锁，发明本心自性。

王重阳在乡间还常自斟自饮，口中念念有词："昔日庞居士，今日王害风。"这里说的庞居士名蕴，字德玄，是一百多年前有名的修禅悟道之人。曾受业于石头希迁，又有马祖道一等高僧大德点化，在禅理上有所洞见，留下诗偈数百余篇，文辞浅近而禅理深幽。在修道之前亦是家产丰厚，悟道后将家中财宝送入大海，抛妻弃子，修成正果。王重阳以庞居士自比，实际上已经显露出弃绝俗世、求真悟道的决心了。只是世人出于常理凡心，无法理解王重阳的所作所为，所以以癫狂视之了。

终于在六月十五这天，王重阳的机缘出现了。当时他仍然和往常一样，在甘河镇的酒肆中大口吃肉、大碗喝酒，酒酣饭饱之后，袒胸露乳，好不放肆。正在半醉半醒之时，酒馆中突然出现两个道人。这两人自南而来，披着毡裘，举手投足，不似尘世中人，体态清虚柔弱，行事悄然若处子，言语细碎似仙音，浑身上下散发着一种不食人间烟火、缥缈灵动之气。更为神奇的是，这两人不仅穿戴相同，而且年龄、相貌、气度几乎完全一样。王重阳一看此二人，酒马上醒了一半，连身上的狂躁之热都似乎受到了这两位烟霞之气的浸染，整个人的心境一下子变得恬静安乐起来，感受到从未有过的清爽快活。就在这一刹那，王重阳醒悟到这两人肯定是怀道抱德、虚心忘淡之高士，自己一直苦等的机缘总算出现了。

这两位道人在酒馆稍作休整之后，便悄然前行了。王重阳不敢贸然相见，生怕自己的言行过于唐突，破坏了道人的雅兴，于是他轻手轻脚地跟着道人离去。两位道人也知他在身后，并不说破，而是行至一偏僻寂静之处，方停下脚步。此时王重阳连忙上前，非常虔诚地跪拜在两位道人前面，不敢起身相言。两位道人于是相视一笑，缓缓说道："此子可教也。"王重阳大喜过望，知道高人肯收自己为徒，连声称谢。这两位道人见他如此诚心，便授予他修道秘诀，还叮嘱他要去东方传教收徒。关于这修行的法门，王重阳一生从未向人透露其中的细节，我们因此也不得而知，或许这种点化的机缘是随机施教，直指人心，并未有通四海之则。而东方收徒之事，容笔者下文再表。

王重阳得遇仙人之后，一扫从前阴霾委顿之态，信心大增，行为也愈发乖张。他四处乞食，笑对世人冷语；短蓑破瓢，乐在穷街陋巷；抱冰卧雪，反道世人痴狂。虽然四十八岁无所建树，但毕竟做到孔子所说的"五十而知天命"。这心中的快慰真是难以言表。糊涂半世，终于找到自己的安心立命之处，知道自己究竟应该何去何从，这当然是人生的大事和幸事。正所谓"不知命，无以为君子也"。如果说此前的王重阳是故意装疯卖傻，刻意切断红尘牵绊的话，那么这时的王重阳因为知晓天命，在旁人眼中，尽管变得是越发疯狂了，而对他而言，这不是"害风"，乃是修道之必经法门。正如《道德经》所言："上士闻道，勤而行之；中士闻道，若存若亡；下士闻道，大笑之，不笑不足以为道。"

等到第二年中秋的时候，在离甘泉镇不远的礼泉县，王重阳又遇到了去年传他口诀的两位道人。两位道人神采依旧，王重阳见到后赶紧跑过去跪拜行礼。可能觉得与王重阳格外有缘，两位道人此次并未来去匆忙，而是邀请王重阳到酒馆一起饮酒。王重阳当然欣然同往。待到喝得酣畅淋漓之际，王重阳问及两人的籍贯、年龄和姓氏，他们回答说："濮人，年二十二，姓则不知。"濮，即今河南。王重阳又追问他们的家庭和族人，他们则沉默不答。最后在离席分别之时，两位道人取来笔墨，写下秘文五篇，并叮嘱王重阳仔细研读，牢记心中。同时告诫王重阳"天机不可泄"，还说："速往东海丘刘潭中，有一俊马可擒之。"关于这五篇秘文，王重阳确实牢记心中，但并未谨守告诫。在王重阳得道之后，后人在甘河镇修建了一座重阳万寿宫，以纪念王重阳创教之功。这五篇秘文就刻在道观的一块大碑上。秘文前面还有序辞，讲的是传法王重阳的缘由，大意是说这两位道人来到陕西之后，四处游走，既在闹市中取材炼丹，又隐迹于山林。几年下来，看到生灵涂炭，苦不堪言。恰好遇到王重阳孺子可教，于是劝说他弃俗从道，用心修炼，待功德圆满，名列仙班。这五篇秘文也记录下来：

其一：莫将樽酒恋浮嚣，每向廛（chán）中作系腰。龙虎动时抛雪浪，水声澄处碧尘消。

其二：自从有悟途中色，述意蹉跎不计聊。一朝九转神丹就，同伴蓬莱去一遭。

其三：蛟龙炼在火峰亭，猛虎擒来囚水精。强意莫言胡论道，乱说纵横与事情。

其四：铅是汞药，汞是铅精。识铅识汞，性住命停。

其五：九转成，入南京，得知友，赴蓬瀛。

从今天的眼光看来，这五篇秘文有的内容讲的是要放弃尘世生活，一心修道，恪守言行。有的是对王重阳日后发展的一些预测。还有些是道教内丹修炼之法，因此使用了丹道的术语，如"龙虎""火峰亭"等。总体上而言，有明白可解之处，也有玄妙难言之意。或许我辈肉眼凡胎，无法参悟其中的道理吧。不过令人惊讶的是，五篇秘文中对王重阳之后的行程所下断语甚为灵验。当然这或许是后人为神化王重阳的行迹的伪作。而王重阳最后五十八岁而亡，不知是否与未守劝诫而遭天谴有关。而这两位仙人究竟是何方神圣，也是众说纷纭。比较有代表性的观点认为，王重阳遇到的是八仙中的吕洞宾。据史料记载，吕洞宾的确经常出没于陕西终南一带。王重阳自己对此也没有明确答复，但他在谈及全真道的内丹思想的来源时，则将吕洞宾视为自己的老师，他说："汉正阳兮为的祖，唐纯阳兮做师父。"正阳子、纯阳子分别是钟离权、吕洞宾的号。之后全真七子继承并融会了其他观点，如王处一说："我师弘道立全真，始遇纯阳得秘文。"马钰亦言："地肺重阳师父，吕公专遣云游。"后来更是提出了"全真北五祖"的说法：即王玄甫、钟离权、吕洞宾、刘海蟾、王重阳。而完整的传道过程是：太上老君传道于金母，金母传白云上真，白云上真传王玄甫，王玄甫授钟离权，钟离权授吕洞宾和刘海蟾，吕洞宾授王重阳。不过吕洞宾活跃的时代是唐朝，距离王重阳所处的南宋已经是几百年。那就意味着除非吕洞宾活了几百岁，否则不可能与王重阳相见。当然，亦可以用吕洞宾已得道成仙来解释时间问题，但为什么王重阳、丘处机一样修道，却不能羽化成仙，而长居人间呢？这些问题就留给后世人茶余饭后去揣度吧。

至于"速往东海丘刘潭中，有一俊马可擒之"，都是讲的王重阳东行收徒之事，前一句指引王重阳前去山东传教，收弟子丘处机、刘处玄、谭处端，后一句中的"俊马"指的是马钰。具体内容下文再表。这次遇仙跟上次相比，意义已经有所不同。第一次是接王重阳登堂，窥道之玄妙；第二次则是引王重阳入室，承道之薪火。这次有了十分明确的内丹修炼方法和传教指引，对王重阳的影响很大。他更加坚定了求道的信心，对自己的天命又多了一份认定和持守。于是王重阳此次痛下决心，彻底了断尘缘。

他做了两件大事。第一件事是改名取号，由王中孚，字允卿，改为王嚞（zhé），字知明，号重阳子。这字号的由来至此亦较为清楚，王重阳年近五十，机缘巧合，知晓天命，是为"知明"；而重阳子，一是沿袭祖师的道号多以"阳子"为后缀，二是王重阳改名之时正逢重阳佳节，菊花开得正盛，清香飘逸，他向来欣赏菊花的品格，在《红芍药》一词开篇即说："这王嚞知明，见菊花坚操，便将重阳子为号，正好相依靠。"

第二件事则是抛弃妻女，正式出家。他先给妻子写下休书，再将幼女送到姻家，也就是娃娃亲的亲家，还跟亲家说："他家人口，我与养大。"也就是说，女儿迟早是你们家的人，我已经帮你养到这么大了。至于女儿的婚事，他也置之不理，只是将她留在亲家家中，头也不回向外奔去。之后他又写了不少和兄嫂二孙等家人相关的诗。这些诗可以说是古往今来最奇怪的家诗。因为诗文的内容全是对家人的种种指责和辱骂，用词也是猥贱恶毒，浑似一个泼妇无理取闹。但实际上是用心良苦，他希望用这些诗文激起家人对他的愤恨，一是让家人日后忽略甚至忘记他的存在；二是彻底断绝自己的尘缘，让自己再无回头路可走。从此"好洗面兮好理头，从人尚道骋风流"。

在处理完家中事务之后，王重阳开始了真正的出家生活。他的出家迥异于常人到道观寺庙求法，因为他先后两次遇仙点拨，世间已经无人可以向他传授高妙道法，他牢记的秘诀、秘文就是他最好的老师，只要用心参悟，必能大有斩获。于是他在终南县南时村，挖了一个一丈多深的土坑，上面封高约数尺，取名"活死人墓"，又名"行菆（cuán）"，即行走的灵柩的意思。还在墓室的正中挂了一个方形的木牌，上面写着"王害风之灵位"六个大字。又在活死人墓的四个角落各种上海棠一株，还说："吾使他日四方教风为一，亦如此植。"还吟诗一首："活死人兮活死人，不谈行果不谈因，墓中自在如吾意，占得逍遥出六尘。"

在活死人墓中，王重阳每日独坐静思，专心揣摩仙人传给他的秘文，如此夜以继日，废寝忘食，苦心修炼了两年多。在这段时间里，王重阳在修为上是一日千里，大有创获。在身体修炼上，他说"墓中日服真丹药，换了凡躯一点尘"，仙人传授内丹心法指引着他堕肢体，去聪明，尘埃之俗气日益减损，丹霞之真味渐有所增。在领悟道体上，据说他"观透真如理"，悟出了俗世尘缘与真空仙境的差别，知晓了前世善恶与今世果报等道理。更可贵的是，他既在墓中对自己几十年积累下来的儒、道、释三家的学养进行了彻底的反思，认为宋儒主理，禅家主性，道教主命，各有所长，亦各有所短；又对道教发展存在的内在偏失有极为清晰的认识，在道教由盛而衰的情形下，只有革除旧弊和门户之见，融和会通三教，才能为道教输入新鲜血液，获得新生。因此，他在出墓创教后，要求弟子们不仅要以《道德经》为本，更要熟读《心经》《孝经》。在行为举止上，身为出家人，亦要持守儒家的忠孝观念。弟子要忠君守法，赡养父母，先尽孝后出家。所以元代禅僧祥迈在《辨伪录》中指出，王重阳认为："禅僧达性而不明命，儒人谈命而不言性，余亦兼而修之，故名全真。"针对之前道教存在的丹药致死、斋醮伤财等饱受诟病的主要问题，他既主张回归原始道家清静无为的思想，又大力提倡和吸收魏晋以来的内丹修炼的理论，提出了识心见性、全性保真、外积阴德以济世、内炼真功而修身等重要思想，从而为全真道的兴盛打下了良好的理论基础。

"士别三日，当刮目相看。"何况是三年的墓中苦修。王重阳已大彻大悟，焕然一新。他离开洞穴，正所谓"己欲立而立人，己欲达而达人"，他要将体悟的至理传于众人。此时的王重阳又燃起了年少时的豪情壮志，意图匡扶天下于乱世，只不过选择了一条常人罕至的道路。于是他封填了活死人墓，迁往刘蒋村北，在临水之处修建了一个小茅庵，一边修行，一边传教。这段时间里，王重阳常以言语度化世人，只不过修仙悟道的奥妙不是一朝一夕的功夫就能体会，所以世人大多无法体会他的良苦用心，只觉得王重阳仍然是之前的那个"王害风"，唯一的差别就是疯癫得更厉害了。王重阳也不以为意，他比往日更加超脱和逍遥，腰间仍然是挂着一壶浊酒，且行且饮且歌。路上有人见到他，故意挑逗他，问他要酒喝，他也欣然不拒。有一天，他正从甘河镇打酒回来，遇到一个道人喊住他："王害风，把你的酒给我喝一点行不行？"王重阳马上解下酒壶递给他。道人提起酒壶一饮而尽，然后口中念念有词，让他用空酒壶去甘河中取水装满。王重阳不解其意，只是遵照而行，等到道人示意让他饮水，他一口喝下去，那河水突然变成了美酒。王重阳知道这是道人在点化他，让他不再执着于水酒之别。心中不为尘埃所染，清净冲淡，若能含道应物，又何须杯中之物呢？若是胸中满怀执着妄见，与物相刃相靡，酒又如何能冲刷掉心中的污垢呢？从此王重阳只饮水，不再饮酒，却自然而生醉意。

金世宗大定七年（1167）四月，王重阳一把火烧掉了自己的茅庵。周围的村民见庵中起火都大惊失色，急忙跑来救火，却见王重阳在庵外对着熊熊烈火载歌载舞："数载辛勤，漫居刘蒋，庵中日日尘劳长。豁然真火暼然开，便烧了归无上。"村民们不解其意，以为他疯糊涂了，纷纷劝慰他。结果王重阳反过来劝前来相助的村民回去："奉劝诸公，莫生悒怏（yì yàng）。我咱别有深深况。惟留煨土不重游，蓬莱云路通来往。"有人继续追问为何烧掉茅庵，他说："我东方有缘耳！此处三年之后，别有人修。"并即兴题诗一首："茅庵烧了事事休，决有人人却要修。便做惺惺成猛烈，怎生学得我风流。"的确，他的世界并不在这尘世之间，凡夫俗子又怎能体会他的风流呢？等到二十六日，五十六岁的王重阳扎着幅巾，身着旧道袍，拖着拐杖，腰间挂着酒壶，迈着无比坚定而自信的步伐，向东走去。

东行传道

王重阳之所以东行传道，也是事出有因。当年度化他的两位仙道曾对他说："速往东海丘刘潭中，有一俊马可擒之。"这明确告诉他，东海是成道的必经之路。在五篇秘文里也有两处谈到东行，"一朝九转神丹就，同伴蓬莱去一遭""九转成，入南京，得知友，赴蓬瀛"。这两句话的意思十分清楚，即王重阳内丹修炼达到一定火候，就要前往蓬莱，而此地正在东方。当然，遇仙和秘文很可能都是后人为了神化祖师、吸引教众所虚构的。因此，我们可以姑妄听之，但更要探询他东行的内在原因。

王重阳在活死人墓中待了两年多，而后又在刘蒋村待了三年多。前一个阶段是在墓中修炼内丹，直至"九转神丹就"；后一个阶段则是在终南传教。但终南一带并无神仙文化的氛围，加之村民和王重阳之间缺乏必要的神秘感，所以王重阳在终南传教的效果甚微。几年下来，同道中人不多，仅有两位，分别是和德瑾、李灵阳。和道友是秦州甘泉人，书香世家，及其成人则为刀笔吏。曾遇仙人指引，于是退居林下，道号玉蟾子。听闻王重阳在终南深得九转神丹之术，便前去参同悟道。后与王重阳同居一庵，但各有志向。所以在王重阳烧庵后，他并未偕同东行，而是隐居终南，悬壶济世。李道长亦是遇仙人点化而隐居为道，号灵阳子。后听闻王、和二人结庐论道，欣然前往，后三人同处庵中，相互提携，共同修道。王重阳亦欣赏其为人，将内丹修为之法倾囊相授。王嚞东行后，他亦留居终南，高寿而终。

同道中人甚寡，而求教之徒更稀，似乎正应了老子的话："知我者希，则我者贵。是以圣人被褐怀玉。"在终南传教期间，王重阳只收了两个徒弟。第一个是礼泉人史公密，他自幼有求道之心。所以一听闻王重阳的种种异闻，就前往求法。当时王重阳尚处在活死人墓闭关修炼期间，见其一心向道，收他为徒，并训名处厚。一直跟随祖师左右，直至祖师焚庐东行。后因母亲年老体迈，无人照料，迁回礼泉践行孝道。第二个是王重阳的外戚严处常。他于隆兴元年（1163）在刘蒋村拜王为师，后迁回终南泉石，道号长清子。单纯从传教受众效果的角度来看，近六年才有两人感召入门，且未能偕同东行，这说明终南之地并不是一块适宜全真道成长的土壤。

北宋灭亡后，山东既饱受战乱之苦，又屡遭天灾荒年。流血漂橹、尸横遍野、路有饿殍、易子而食的惨状时有发生。海陵王完颜亮掌政之后，穷兵黩武，为筹军资，对山东百姓横征暴敛，极力搜刮。菜园、房产、养马等大小事务都要缴纳重税。百姓怨声载道，盗贼四起。后金世宗主政之后，尽管推行仁政、轻徭薄赋，民族矛盾略有缓和，但总体上仍然是为女真族的统治服务。苦难的生活、现实的绝望正是宗教兴盛的催化剂。所以山东当时的民情是传教的天然土壤，而更重要的是，山东自春秋战国时期以来，就有极为深厚的神仙信仰基础，是一个富有神灵气氛的地区。齐威王、齐宣王、燕昭王都曾请方士入海寻仙山。秦始皇亦遣徐福带三千童男童女出海寻仙，以求长生不老之药。道教传说中的神仙如安期生、麻姑、李少翁，道士于吉、寇谦之、王知远等都与山东有关。千载以来，山东百姓对神仙灵异之说和道教基本内容是广为接受的，甚至部分沿海地区，直至今日都以曾为神仙之居所为傲。

王重阳定下了东行的主意，一边赶路，一边传教。他经过终南蒋夏村时，仍然还有所留恋，便以告别为由，与当地巨族姚铉相见。此人有"出尘之姿，性甚仁慈"，但王重阳的"害风"之名实在是太盛了，平时狂放不羁之举太过于震骇人心，姚铉对他的传教意图根本不予理睬，像打发精神病人一样匆匆辞别了王重阳。经此一事，王重阳才真正下定决心向东前行。路经卫州（今河南汲县）时，见到太一道二祖萧道熙颇具仙风神气，于是在卫州盘桓数日，劝说萧道熙改从全真道，但太一道在当时已经是初具规模，且创教人萧抱珍仙逝之前谆谆嘱托萧道熙兴教传法之事，而全真道当时连教徒信众都没有几人，所以萧道熙绝无可能成为王重阳的门下弟子。两人虽话不投机，但王重阳仍看重萧道熙的大仙之材，于是作《蓦山溪》一词望感化他，词中说："真人已悟，四海名先到，只为有声闻，却隔了玄元妙道。"萧道熙看后，不置可否，似乎对王重阳的心意无所体会，只是点头而已。王重阳见此情状，一气之下，继续向东走去。

进入山东之后，传教的形势开始有所好转。在东莱掖城，收了他的第三个弟子刘通微。此人原本是豪门子弟，声色犬马、嗜酒好赌、浪荡轻佻，后因纵欲过度，身染恶疾，久治不愈。王重阳见他受大病折磨，有看破红尘、痛改前非之意，于是收他为徒，赐道号默然子，并治好了他的病。他病愈之后，潜心修为，神清爽迈，一心向道，完全看不出当年斗筲之徒的痕迹。王重阳大喜，于是嘱咐他西行到终南山山谷结庵修行，期望在山东传教成功之后再聚首，当然没想到的是，此一别却是师徒永诀。而刘通微也没有辜负老师的期望，在修为上大有建树，之后得到了金章宗召见，并著有《全道集》流传于世。

王重阳离开莱州之后，大定七年（1167）七月来到登州宁海军。宁海军（今山东牟平）位于山东半岛东部，今属烟台辖区，这里的宗教气氛向来较为浓厚，此地的昆嵛（yú）山是以仙道活动频繁著称。北魏史学家崔鸿称此山为"海上诸山之祖"，下八洞神仙中的长寿女神麻姑便是在此修行。至于烟台，更是道教文化深厚，徐福当年便是从此处东渡日本，这里还是"八仙过海"传说的发源地。所以，王重阳来到这里，既是寻根之旅，又是承续之行。他头顶一个斗笠，身着破衣烂衫，挂着竹竿做的拐杖，随身带着一个铁罐子，在闹市街头四处乞讨，背上还插着一面纸旗，上面画着一具骷髅，并配诗一首："此是前生王害风，因何偏爱走西东。任你骷髅郊野外，逍遥一性月明中。"样貌姿态十分古怪，众人尽管对他的行为举止感到怪异，却没有人停下匆忙的脚步，前去求教问道，只把他当作一个腌臜不堪的老乞丐。王重阳也不以为意，他在街头考察了几日，决定从马从义家开始传教。前文曾提到过的"有一俊马可擒之"，马从义就是这一"俊马"，他字宜甫，是当地的豪门大族，家有田产街铺几十处，资产千万，可谓是"富甲宁海军"。不过马从义平时为人却是孔子所欣赏的"富而好礼"，他知书达礼，工于辞章，淡泊名利，交游广阔，宅心仁厚，乐善好施。老百姓都称呼马从义为"马半州""马善人"。

而机缘巧合的是，马从义也对玄虚之术颇有兴趣。传说他出生前，其母唐氏曾梦见麻姑仙女驾祥云于马宅之上，玉指轻点，一粒仙丹即入唐氏腹内。等到马从义出生后，通身色红如火，七日乃褪；双手紧握，掰之不开，而百日自展，邻人无不称奇。而及其成人后，他曾去昆嵛山观看道士李无梦炼大丹，当时李无梦一见之后，便说他"额有三山，手垂过膝，真大仙之材"，并希望同他一并修道成仙。可以说，马从义从小到大都受到一些神仙信仰的影响，因此他对道教之学说的态度是比较开明和接受的。而他与王重阳相遇之时，已经是人到中年。有一夜，他梦到两个黑衣人悲声啼哭，并向他求救，形状惨痛，令他吓出一身冷汗。次日清晨，正好遇到屠户刘清在杀猪，叫声凄厉，回想起梦中情形，让马从义顿时不寒而栗，心神难安，急忙请人占卜算卦，结果却说阳寿不过四十九。马从义顿觉人生无常，纵有家财万贯，在短促的生命面前又有何益？由此更痴迷于道教长生久视之术。正是看准了这一契机，王重阳开始点化马从义。

与马从义初见的那一天也充满了传奇色彩。那天正是七月十六，马从义正与几位好友在当地富绅范明叔家的南园怡老亭中休憩。此时，王重阳突然直接走入几人的座席之中，几人一见王重阳衣衫褴褛，立刻拦住问个究竟，王重阳不慌不忙地说："扶醉人矣！"此言一出，马从义大吃一惊，当时就站了起来，因为昨日与几位友人酒过七巡后，趁着酣醉之意，他曾赋诗一首，其中有句为："终日衔杯畅神思，醉中却有那人扶。"如此巧合，绝非偶然，莫非冥冥之中，别有安排。于是马从义连忙问王重阳来自何方。王重阳答道："一别终南水竹村，家无儿女亦无孙。三千里外寻知友，引入长生不死门。"这一答正好点破马从义数日以来心中苦闷之事。诧异之感更甚，当下即知所遇之人非凡，于是正式请王重阳入席就座，并请王重阳吃瓜解暑。让众人吃惊的是，王重阳吃瓜的方式迥异常人，他最先吃的居然是最苦的瓜蒂。马从义大惑不解，向他求教，王重阳说："甜自苦中来。"又问什么是道，王重阳答曰："五行不到处，父母未生时。"一来一往，机锋禅趣油然而生。马从义知道自己的命运将由这个浑身污垢却神清气爽的怪人所改写，于是邀请王重阳回到自己所居之处，并将旧居改为道庵，以老师的礼遇待之。王重阳在庵中住卜后，庵为修炼之所，也是自己在山东创教的根基，意义非凡，所以再三思量，反复斟酌，最后王重阳觉得既然要以匡扶道教之正义为己任，必须要从根本上改头换面，故取名为"全真庵"。此名出自于《庄子·盗跖》："子之道狂狂汲汲，诈巧虚伪事也，非可以全真也，奚足论哉！"全真，简单来说，就是全性保真，也就是要通过刻苦修炼，摒弃一切私心杂念，是非善恶之分，保全人的最初一念，纯白真性，贵食其母，同于大道，达到精神之超脱解放。宋末元初南宗大道李道纯在《全真活法》中对"全真"的解释更为翔实，亦具有操作性和代表性："所谓全真者，全其本真也。全精、全气、全神，方谓之本真。……全精可以保身，欲全其精，先要身安定，安定则无欲，故精全也；全气可以养心，欲全其气，先要心清净，清净则无念，故气全也；全神可以返虚，欲全其神，先要意诚，意诚则心身合而返虚也。"王重阳还作诗《全真堂》以纪之：

堂名名号号全真，寂正逍遥子细陈。

岂用草茅遮雨露，亦非瓦屋度秋春。

一间闲舍应难得，四假凡躯是此因。

常盖常修安在地，任眠任宿不离身。

有时觉后尤宽大，每到醒来愈爱亲。

气血转流浑不漏，精神交结永无津。

慧灯内照通三曜，福注长生出六尘，

自哂（shěn）堂中心火灭，何妨诸寇积柴薪。

"全真庵"的定名意味着王重阳自创教派的成立，是为全真道。与以往道教不同的是，"全真"二字并非通向长生不死的手段，而本身就是目的。经过了丹药致死和斋醮亡国的经验教训后，王重阳对道教的弊病有十分清醒的认识，他说，"欲永不死而离凡世者，大愚不达道理也"，想要常驻人间本身就是执着迷惘的妄念，精神的超脱，真性的保全，与大道的合一，不以物喜，不以己悲，万物各安其性，各守其分，神安心寂，这就是修行的目的。

尽管马从义对王重阳执弟子之礼，但两人还没有真正的师徒名分。要让全真道真正建立和发展起来，必须要让这闻名一方的马半州入教。所以在王重阳安定下来之后，便劝他离家西游，说："学道之要在于远离家乡，远离则无所系，则心不乱，欲不生。无欲即无为，无为则清静，如此何道不达？何仙不成？"但马从义此时还未彻底了断尘缘，说家大业大，不是一时半会儿可以摆脱的。王重阳言教不成，只有以身教劝诱。他先是紧锁庵门坐百日，以示家风，后是在庵中赠字画给马从义，并要马氏夫妇共食梨、芋、栗等果蔬。寓意他与家人早日分离，减少对尘缘的眷恋，此所谓"分梨十化"。在王重阳百般劝诱之下，马从义总算是有所醒悟，终于在大定八年（1168）二月将产业交给儿子打理，并写下休书给孙氏，愿意真心跟随王重阳，做他的正式入门弟子。于是王重阳为他训名为钰，赐道号丹阳，是为全真七子之首——丹阳子马钰，并即兴赋诗一首："你待坚心走，我待坚心守。百日扃（shǎng）门化出来，方是余开口。开取四时花，绽取三春柳。认取元初这个人，共饮长生酒。"

　　既然马钰决意出家，王重阳便将他带到昆嵛山烟霞洞修炼。可是刚一入洞，马钰的富贵病就犯了，称"头疼难忍"，于是又返回家中，每天狂饮药酒，结果头疼越发严重。王重阳知道后，一边鼓掌，一边大笑："信之不笃，故感此疾。"又写信告诫他："凡学道之人，须断绝酒色财气、攀缘爱念、忧愁思虑，若不依此十二字，便有灵丹亦性命难保。"马钰这一年已经是四十六岁了，双鬓已经花白，想起自己之前卜卦所得的四十九岁的大限，更加感叹生命无常。有一晚，他又做一梦，梦见象征着自己生命的细瓷碗摔碎，醒后一身冷汗，头疼愈发剧烈。强烈的恐惧感和无助感袭来，马钰顿觉世间繁华珍宝、妻儿老小都为虚无，猛下决心，再次投奔烟霞洞。王重阳怕他意志不坚，让他再三思考。马钰静思一月后，终于写下誓词，表示要"翠霞紫雾常为伴，明月清风永作俦（chóu）。诱化仁人归大道，功行圆满赴瀛洲"。重归烟霞洞后，王重阳为了让他真正放下富贵名利的执着，让他回到宁海军乞讨钱米，马钰仍然是放不下架子，把因缘所集的"我"视为"真我"，固执不去宁海军。王重阳大怒，觉得费尽心机，百般度化，马钰仍然有世俗之执念，于是"打之无数"，一夜方止。不过经过几番周折，马钰总算坚持下来，励行苦节，专务清静，终于断绝了俗世名利之念、夫妇儿女之情。断绝家庭关系后，他效仿王重阳写诗赠予家人，其中有一首《夫妇分离》赠予孙氏孙富春以表修道之坚志，别有风格：

　　　　你是何人。我是何人。与伊家元本无亲。都缘媒妁，遂结婚姻。便落痴崖，贪财产，只愁贫。

　　　　你也迷尘。我也迷尘。管家缘火里烧身。牵伊情意，役我心神。幸遇风仙，分头去，各修真。

王重阳见他如此，亦放下心来，将毕生所学倾囊相授，从"祖宗""性命""根蒂""龙虎铅汞""金色黄婆""婴儿姹女""宾主觉照""出家修道""长生不死"以至于"三宝九星五刚三才""抽添火候金丹出离三界七返行住坐卧"等各个方面的认识都为马钰传道解惑，为马钰关于"全真"理论打下了扎实的基础。在全真七子之中，只有马钰得王重阳如此亲炙，他不负王重阳所托，继承衣钵之后，一直不改其师之道，将性命双修、三教合一等教理发挥得弘大精深，门下弟子众多，使得全真道发展壮大，延续至今。他也打破了卜筮之言，寿至六十，且对生死有自己独特的参悟，他说："修行之人，当观此身如一死囚，牵挽入市，步步近死，以死为念事事割弃，虽有声色景物纷华，周匝围绕，目无所见，耳无所闻，念念尽忘，此身亦舍，何况其他？以此炼心，故见功疾。"凭着坚定的信念和修道之热忱，马钰终成一代名道。

　　王重阳以马钰为传教的突破口，也确实大有效果。马钰的影响在山东半岛很大，当周边的有心之人听闻马钰归道之事，纷纷前来求法。王重阳陆陆续续收了不少弟子。其中有山东栖霞的一名农家子弟丘哥，他和马钰不同，生活贫苦，衣食无着，却意志坚定，早已看淡世间名利生死，一心参道悟真，只是目不识丁，虽猛弃尘缘，但毕竟无人指点，始终未入门径。因此当他到昆嵛山修道时，听闻王重阳的种种神妙和近来点化马钰之事，便于大定七年七月就从昆嵛山来到宁海全真庵，成为全真七子中第一个正式拜王重阳为师的人。王重阳赐他道号长春子，又赐字通密，训名为处机，是为长春真人丘处机！

　　十月宁海儒生谭玉亦来投师。他十五岁精通诗文，闻名乡里，善草书和隶书。有一次因醉卧雪中感染风痹，药石无灵，痛苦难安。听闻王重阳有神仙妙法后，于是上门求医，王重阳以回春妙手，很快就治好了他的痼疾。在治病期间，他观全真庵门风严谨，王重阳在浊世中清虚自守，空灵霄汉之境界令人景仰惊叹，于是拜王重阳为师，随侍左右。王重阳为他训名处端，字通正，道号长真子。

正式收马钰后，大定八年（1168）二月宁海王玉阳携其母同拜于全真庵。他出生不久便丧父，母亲自年轻便开始守寡，一家人生活贫苦，对尘俗之事本无留恋，生逢乱世，更有出世之想，见王重阳神异非凡，便来求教。王重阳与他相谈片刻，便觉此人无尘埃之气，于是收为门下弟子，训名处一，道号玉阳子。其母赐名德清，道号玄靖散人。次年春，王重阳让王处一赴铁查山云光洞修行。王处一远离师友，在铁查山独自悟道，创出一套奇异的修为之法：他每晚在山崖临渊处以一脚独立，既修炼内丹，又参悟生死，前后长达九年，吸引不少民众前来求教，人称"铁脚仙"。他还精通医学，常悬壶济世，救人无数，为全真道的发展培养了良好的群众基础。

为了彻底割断马钰的尘缘，同月王重阳携四弟子至昆嵛山烟霞洞修真。二月宁海郝升前来求法。郝家历代为官，至他代有所败落，他幼年丧父，事母至孝，秉持家学，刻苦读书，尤精《周易》，但淡泊名利，不喜仕途，以清静冲淡为乐。大定七年，郝升在街市以占卜算卦谋生，王重阳见他器宇不凡，精熟易理，是可造之才，有心点化他。于是走到他的面前，却背对他而坐。郝升大惑不解，便说："请先生回头。"王重阳却说："你怎么不回头。"这句话一说出，仿佛晴空霹雳，直指人心，郝升顿时有幡然醒悟之感。心知今日得遇高人，急忙收摊，一路跟随王重阳直到全真庵，才知道这便是传说中点化马钰的高人。郝升一心想拜王重阳为师，但因家中母亲老弱，不能舍身出家。王重阳本对三教持圆融一致的态度，强调出家人应有忠孝之心，所以不但不以为意，反倒劝慰郝升先尽孝后出家。等到第二年，母亲过世入土为安之后，郝升便来到烟霞洞正式拜师。王重阳为他训名璘，号恬然子，并对他别有教法。有一日，王重阳将一件剪去衣袖的衣服送给他，并说："勿患无袖，汝当自成。"于是郝升穿着这件无袖长衫，腰间系一瓦罐，四方云游，自行修炼。大定九年（1169），全真道在宁海设立金莲堂，王重阳子弟齐聚堂下。不料郝升在开堂仪式上将旧瓦罐打破，似有不祥之兆，王重阳不以为然，反倒赐郝升一瓦罐，并赠诗一首："扑碎真灰罐，却得害风观。直待悟残余，有个人人唤。"郝升听老师点明自己前途无量，心中大喜。不料此一别，便成永诀。这年王重阳在返关中的路途中病故。郝升却在铁查山与王处一修炼。后因两人志趣不同，悟道门径有别，郝升离开铁查山，四处游历。据说他曾坐于赵州之南石桥下，一言不发，即使河水泛滥淹没身子，也纹丝不动；有人见他可怜，送他饭菜，他也不推辞，没人照料，他就忍住饥饿。有人见他的举止怪异，上前讪笑侮辱，他也不理会，只是微笑而已，他的侄婿郭长倩为真定知府，路过石桥时，前去劝慰，他也不动心，好像从未相识。无论严寒酷暑，他在桥下一如既往，从不改变，所以人们都称呼他"不语先生"，如此桥下端坐六年，练得心如死灰，身似槁木，终于达到庄子所谓的"堕肢体，去聪明，离形去知，同于大道"的"坐忘"境界。后至岐山，遇高人指点，又赐名大通，道号广宁子。又至华山，见前人之伟业与山势之雄伟，觉悟自我之轻佻浮躁，于是愈发收敛身心，加倍苦行修道。终于开创了全真道中的华山派。

大定九年五月，马钰之妻孙富春在马钰出家一年后也弃三子，离红尘，竹冠布袍于宁海金莲堂修行。王重阳为她训名不二，号清净散人，并赠诗一首："分梨十化是前年，天与佳时本自然，为甚当时不出离，原来直待结金莲。"从此夫妇二人异地修行。王重阳死后，她听说马钰守丧终南，便孤身一人，穿云度月，卧雪眠霜，迤逦西迈几千里，毁败容色而不以为苦，终在京兆府赵恩家与马钰相见。夫妻相见，怜惜之情又生，留恋盘桓不舍离去。马钰便劝慰她："奉报富春姑，休要随余，而今非妇亦非夫，各自修完真面目。"又赠诗一首以表心志："休执拗，莫痴顽，休迷假相莫悭贪。休起愁，莫害惭，听余劝，访长安，逍遥坦荡行真教。守清净，得大丹。"如此反复劝说，孙不二才收起凡心，隔断恩爱，至长安苦修。七年后，她三田返复，百窍周流，终得大丹。于是东行洛阳，劝化接引，度人甚多。她依据女性的生理特点改造了王重阳的内丹修为之法，为女性修炼大开方便之门，成为"坤丹道法"的始祖。

九月，王重阳至莱州点化刘某，训名处玄，字通妙，号长生子。他长居于洛阳土地庙中，以闹中取静之法修行，身处鱼龙混杂之地，市井繁华之所，性情质朴如初，五音不能扰其静，五色不能夺其明，烟花柳巷不能乱其性。据说他炼心达到死灰冰冷之境，花草树木在他身边都无法生长。他擅长书法，"翰墨绝妙，有龙蛇飞举之形"，又精通传统道教的斋醮之术，多次祈雨，感应如神。他门下弟子众多，影响甚广，曾受到金章宗的召见，为全真道在社会中上层的渗透和推广发挥了极大的作用。

至此，丘处机、谭处端、马珏、王处一、郝大通、孙不二、刘处玄七星汇聚，史称"全真七子"。由此，全真道正式登上了历史舞台，并在一时间释放出耀眼的光芒。

归兮归西

全真七子归于门下，意味着王重阳传教的效果有了质的飞跃。随着人数的增多，教义教规逐渐形成完善，全真道的影响越来越大。尤其是在弟子的协助下，王重阳以昆嵛山为据点，先后在文登、宁海、莱州等地建立起了三教七宝会、三教金莲会、三教三光会、三教玉华会和三教平等会五个全真道下层民众组织，号称"三州五会"。此时的人们也不再是以"害风"视之了，而是景行行止，高山仰止，把王重阳及其创立的全真道看作脱离苦海的救命稻草，所以王重阳门下不再是门可罗雀，相反与会者动辄千人有余，争先恐后望祖师赐名点化。至此全真道可谓是远近闻名，在山东及周边地区打下了扎实的基础。所谓"道隐于小成"，有所成就固然是好事，但因有所成而生执着自满，那必定会阻隔大道。所以王重阳尽管在山东大有斩获，但回想起当年焚庵东行时许下的"四海教风为一家"的志愿，决定不能就此止步，于是兵分两路，让王处一、郝璘与孙不二坐镇山东，教化众人；自己则携马钰、谭处端、刘处玄与丘处机重返终南，济众度人。

大定九年（1169）九月，王重阳离开山东半岛。十月抵达南京（今河南开封），投宿于岳台坊磁器王氏小旅店，打算盘桓数日再起行。南京城虽经战火屠戮，但毕竟是千年古城，掩不住那繁华风采。王重阳和弟子们游览名胜，朝夕共处，切磋义理，传经论道，风乎舞雩，吟咏而归，真是其乐融融。但王重阳在这种祥和愉悦之中却隐隐感到一股煞气直逼而来，自己的天命几近完成，当年两位仙人指点的"九转成，入南京，得知友，赴蓬瀛"如今已成现实，剩下的就是要赴瀛洲，与仙道共游了。他感觉到自己的大限将至，于是停驻在南京，打算考察弟子，托付身后事。他写了一首《竹杖歌》："一条竹杖名无著，节节生辉辉灼灼。伟矣虚心直又端，里头都是灵丹药。不摇不动自闲闲，应物随机能做作。海上专寻知友来，有谁堪可教依托。昨宵梦里见诸虬，内有四虬能跳跃。杖一引，移一脚，顶中迸断银丝索。攒眉露目震精神，吐出灵珠光闪灼。明艳挑来固乐然，白云不负红霞约。"这首诗一方面点出了全真道修为的一些基本原则，如"无著""虚心""直""应物随机"等；另一方面也是表达了自己想要找一个接班人的感慨。

于是王重阳开始多方考量弟子。他先是叫弟子们去闹市中行乞，然后吩咐马钰把化缘得来的钱交给工匠制作一辆只能独坐的"风车"。等到"风车"做完后，王重阳说自己近来内火过旺，耳鸣目赤，无法视物，要马钰点火遍照。这实际上是话中有话，即让马钰继承衣钵，薪火相传。马钰当然了解老师的心意，欣然照办。但马钰之前入教有所反复，家业丰厚且育有五子，王重阳还是不能释怀，于是又去市场上买了四条鲤鱼，二斤羊肉，将这两者混在一起，大火烧，小火炖，煮得稀烂，难见本来面目。然后将这一大锅鱼肉放在外面，等到腐臭熏人时，便把门下弟子叫来，让他们吃下去。各个弟子看着这堆腐肉，都面面相觑，以久不食荤腥为托词，始终不可下咽。这时，马钰上前一步说："老师让我们吃，我们就吃。"王重阳听到后，大怒道："你自己不断荤腥，反倒以我的话为托词！"并将腐肉盛起满满一大钵，递给马钰，而自己则在一边饮酒吃枣。几天下来，都这样对马钰，然后问他："你领悟没有？"马钰答曰："不悟。"王重阳便愈发生气，于是痛打马珏，捶胸顿足，狂骂不止，昼夜不已。最后见马钰始终无法体会其中玄机，便说："日后自当悟！"

之后王重阳又让弟子买来木炭，堆在旅店的小房间里，全部点燃，没过一会儿，房间就变得十分燥热。这时候，王重阳让马钰、谭处端待在房间里，丘处机和刘处玄站在房间外。在房间里的人是汗如雨下，炙热难熬；在房间外是冰天雪地，寒风刺骨；里面的人不能出来，外面的人不能进来。如此连续数日，刘处玄终于无法忍受痛苦，偷偷跑掉了。而丘处机自小贫苦，意志坚定，风雪侵骨，冰霜蚀面，却面不改色，毫无退意。长期养尊处优的马钰亦是无怨无言，始终如一。看到这种情形，王重阳心中的大石终于落了下来。

大定十年正月初四，王重阳召弟子于床前，他说："我就要奔赴蓬瀛了。如今马钰已经得道，谭处端已经知道，我没有什么好担心的了。刘处玄、丘处机还要努力。丘处机就跟着马钰，一切听马钰的安排，刘处玄便跟着谭处端，好好管教。"说完这些话，他又对着丘处机说："这个孩子他日地位将不同凡响，一定能大开教门。"弟子们要老师留下辞世颂，他吟道："地肺重阳子，呼为王害风。来时长日月，去后任西东。作伴云和水，为邻虚与空。一灵真性在，不与众心同。"又念道："害风害风旧病发，寿命不过五十八；两个先生决定来，一灵真性成搜刷。"从这两首诗看来，王重阳认为，自己一生之大成乃是一灵真性。这的确是他的独特创见，迥异于之前道教所说的尸解羽化成仙等观念。他在《金关玉锁诀》中对"神仙"有着十分明确的界定："第一，不持戒，不断酒肉，不杀生，不思善，为鬼仙。第二，养真气长命为地仙。第三，好战争是剑仙。第四，打坐修行者为神仙。第五，孝养师长父母，六度万行方便，救一切众生，断除十恶，不杀生，不食酒肉，邪非偷盗，出意同天心，正直无私曲，曰天仙。"他还说"得道之人，身在凡而心在圣境矣"。这都是对传统神仙观念的颠覆，把超越客观现实的一种精神解脱、人格完成作为最高目标。所以他才会把自己的追求和完成概括为"一灵真性"。

两首诗吟罢，他嘱托众人在他死后不要哭泣。这与原始道家的理念是一致的。在《庄子·养生主》中曾谈到一个故事：

老子死后，他的朋友秦失前来吊丧，来了之后，号了三声就离开了。老子的门人就跟着追出来，问道："你不是老师的朋友吗？"秦失说："我是啊！""吊丧像你这样，难道也可以吗？"秦失说："可以啊。原来我还把老子当圣人，现在看来不是啊。刚才我进去吊丧的时候，老的在哭，像哭自己的儿子一样；小的也在哭，像哭自己的母亲一样。这些人哭成这样，肯定是老子的修为让他们情不自禁地称颂和哭泣啊。这样做事逃避自然，违背真实，忘掉了人所秉承的是什么。古人把这种行为称为逃避自然的惩罚。你的老师偶然来到世间，是应时而生；又偶然离开世间，是顺命而死。安于时机并且顺应变化，那又有什么好哭的呢？"一切都是顺其自然，王重阳生前常笑话那些想要长生不死的人愚昧无知，所以他也要让自己的弟子能够随顺造化。当然，几个弟子毕竟还须修为，仍未通于大道，所以一见老师撒手人寰，便痛哭起来。王重阳生前对马钰格外器重，所以他哭得死去活来，一边哭，一边说："我才入道不久，什么收获都没有，老师就离我而去，如何是好啊。"话音未落，王重阳忽然回过气来，睁开双眼说："不要哭了，如果你为这件事而遗憾，那么我就把甘河证道时所得到的五篇灵文交付给你，你依此修行便可。"于是马钰跪受灵文，说："我愿为老师守丧三年。"王重阳又嘱托他完成遗愿，要去终南刘蒋故居传道修法，还让马钰照顾好其他几个弟子，最后以诗相嘱："一弟一侄两个儿，和余五逸做修持。结为物外真亲眷，摆脱尘中假合尸。周匝种成清静景，递相传授紫灵芝。山头并赴龙华会，我趁蓬莱先礼师。"诗文中弟指的是马钰，侄儿是谭处端，两个儿是刘处玄和丘处机。大致意思是说要破执扫相，清静修为，薪火相传，将全真道发扬光大。写完这首诗后，王重阳奄然长逝，享年五十八岁。

第 3 章

志修全真

　　大定十年正月初四，王重阳已赴蓬瀛礼师甘河二仙，四个弟子看着老师的遗容，回想起老师生前一幕幕的谆谆教诲，从此阴阳永诀，不禁悲从心来，黯然唏嘘不已。马钰已承衣钵，既为掌教，又是长者，肩负着兴教终南、传道授业的责任，他不得不抑制住自己的悲伤，宽慰众人，尽早起行，奔赴终南。而丘处机仍是长跪不起，依依难舍，泪水盈盈，沾满衣襟。在这四人之中，他年纪最小，这一年他才二十三岁，但论起与王重阳朝夕共处的时间，他却是全真七子中随侍祖师最久的一位。他清楚地记得三年前，听闻宁海来了一位得道高人，连忙从昆嵛山赶到宁海马家，求马钰带他去见王重阳的情形。那天正是清晨，丘处机小心翼翼、屏住呼吸地走进全真庵，生怕自己的唐突搅扰了祖师的清梦，而王重阳正在静坐，听到细微的脚步声，于是缓缓地睁开眼睛，和颜悦色地打量来人。秋日温润的阳光洒在王重阳的脸上，那双深邃自信的眼睛也仿佛阳光一样，照耀在丘处机的身上。四目相交，丘处机先是有如电闪雷鸣，灵魂陡然一震，大有冷水浇背之感；后则立转温煦如春，紧张焦虑的感觉一扫而空，一种似曾相识的感觉油然而生，丘处机不由自主地跪下来，深情地喊道："师父！"这一天，他不仅找到了指点迷津的老师，还仿佛找回了久违多年的亲情。

有志须为物外仙

王重阳看着这个衣衫褴褛、面黄肌瘦的年轻人，也是眼前一亮，虽然年纪轻轻，但脸上却流露着无比坚毅和刚强的神情；虽然破衣烂衫，但身上却散发着一种恬淡清虚的不俗之气。王重阳阅人无数，见到如此情形，想起自己当年如此年纪，还醉心尘世，心中不由暗暗惊叹赞赏：此少年真乃可造之仙材！于是就开始询问起丘处机的情况来。

金皇统八年（1148）正月十九日，丘处机出生在登州栖霞县（今山东栖霞市）滨都里。栖霞毗邻蓬莱，有崮山、艾山、牙山等诸山环绕，其中艾山为栖霞境内群山之首，与崂山、昆嵛山成三足鼎立之势，且青峰嶙峋，谷幽林深，高耸入云，云雾缭绕，宛如仙境。生活在这样的环境里，常睹烟霞缥缈之灵气，又闻天籁地籁之妙声，自然而然会生发隐居山谷、逍遥出世的幻想。中国当代新儒家的集大成者牟宗三亦是出生于此，尽管两人相隔近八百年，且一道一儒，但都悲天悯人，度己度人，极具内在超越之精神。

据《玄风庆会图说文》载，丘处机出生的这一天气象非凡，"瑞气充庭，祥光映室，禀阴阳之纯粹，钟山海之英秀"。丘处机家境贫困，哪有如此雅致的"庭""室"呢？这当然是后世为了神化丘处机的附会之说。据栖霞当地的传说，丘处机是"道生"，也就是说丘处机并非在家中床榻上出世，而是在田间小径上降生。因为家境窘迫，母亲虽然身怀六甲，仍然要在田间劳作，所以等到肚痛发作，已经来不及回到家中，就这样匆匆忙忙地把丘处机带到了人世间。"道生"的孩子大凡命苦，丘处机也不例外。他的祖、父辈世代为农，家境贫寒，幼小时父母便先后过世，家中人丁不旺，所以没有财力让父母合葬，直到成名返乡后，幸有乡间豪绅出面，父母的尸骨才一并迁入大茔中。丘处机曾写过一首《满庭芳》的词，便记载了这一事："幼稚抛家，孤贫乐道，纵心物外飘蓬。故山坟垅，时节罢修崇。幸谢乡豪并力，穿新圹，起塔重重。遗骸并，同区改葬，迁入大茔（yíng）中。"无父无母的丘处机的童年无疑是苦难深重的，好在丘家世代良善，广结善缘，乡亲们见这个孤苦伶仃的孩子既聪颖无比，又可爱质朴，于是时常接济，多方照顾，并取名为"丘哥"，他才能在战火纷飞的年代中顺利成长。

生活的苦难也促成了丘处机的早慧。孤独的人生、生活的贫苦、生死的无常、祸福的不定都是年少的丘处机不得不去面对的现实问题。生命悲剧的真相过早地展露在丘处机的面前。这样的命运也让我们不由想起另外一个圣者——孔子。孔子的童年非常悲苦，父亲一早撒手而去，留下孤儿寡母，贫苦拮据，到了成年的时候，季子飨（xiǎng）士，还被阳货恶语相向，拒之门外。不过孔子有志于学且学无常师，苦难被他转为人生的财富，以至于后来有人感叹孔子何其多能时，孔子说："吾少也贱，故多能鄙事。"具有圣者气象的人都很相似，他们都有这种翻手为云、覆手为雨的转化功夫，像坚韧的松树一样，严寒酷暑不但不能戕害于它，反而变为进一步成长的契机。丘处机的童年和孔子相比无疑是更痛苦的，因为他生逢乱世，海陵王完颜亮残暴虐民，南宋王朝偏安一隅，苟且偷生，时局动荡不安；从小无人教导，更加是无缘书香，唯一拥有的就是充裕而自由的时间。也许是缥缈冲虚的雾霭，也许是静谧幽远的山色，丘处机独立于乡野，沉郁忧思，终于在寻常人"有志于学"却茫然无知的年纪，已经确定了自己的人生方向，看淡了世间功名利禄，决然有超尘离世之怀。他写过的《坚志》一诗就描述了当年的情况："吾之向道极心坚，佩服丹经自早年。遁迹岩阿方十九，飘蓬地里越三千。无情不作乡中梦，有志须为物外仙。"据说在丘处机还很小的时候，就有一个行走江湖的算命先生来到滨都里，见到丘处机器宇不凡，眉宇之间隐隐有清虚之气，大为惊叹："异日当为神仙宗伯，又当为帝王之师。"不管是真是假，丘处机确实异于常人。

大定六年（1166），年方十九的丘处机终于下定决心，弃家学道，到昆嵛山中潜居修行。此山离宁海四十余里，层峦叠嶂，山势险峻，相传麻姑就是在此得道成仙。丘处机上山之后，登高远望，昆嵛山的美景尽收眼底，心胸也为之开阔。从山底仰望山峰，天色苍苍茫茫，等到了山顶之后，才发现这并非是天空的本色。而由山顶朝下看去，地面也是朦朦胧胧，难道朦朦胧胧就是地面的本色吗？人世间的一切是是非非不都是如此吗？抱着既定的观念而固执不变，身受环境的局限而自以为是，疲于追逐外物而自以为乐，这和登山前以为天色是苍苍茫茫不是一样吗？丘处机心有所悟，山中的一草一木似乎都印证着自己修道的体会，他愈发坚定了逍遥尘外的决心。

传说丘处机在山间独创了一种丢钱的修为之法。在昆嵛山上，有一块宽大的巨石，丘处机时常在上面静坐澄怀。有一次打坐完毕，起身从石头上爬下来的时候，身上的一枚铜钱滚落到岩石下面的乱石丛中，为了找到这枚铜钱，丘处机沿着杂草丛生、怪石嶙峋的山坡，一路颠簸，好几次差点滑倒，总算在几块碎石缝中找到那枚铜钱。这时他已经是汗如雨下，腿脚麻木。这时候他想到，寻找一枚铜钱都是如此艰辛，若要成就一番大事业，那必须潜下心来，磨炼意志，锻炼筋骨。若能够斗过一个"苦"字，还有什么事情做不成呢？于是他擦掉脸上的汗水，又将铜钱丢入碎石之中，沿着崎岖的山路再次寻觅起来。就这样，丘处机每天把铜钱丢了找，找了丢，终于在山间上下从容，来去自如，脚步轻盈，远远望去有如仙人一样在山林间随意穿梭，丘处机原本单薄的身躯变得非常强健。更重要的是，丘处机的这套苦功夫练就了他坚韧不拔的毅力和吃苦耐劳的精神，这为他日后的十三年独自苦修打下了扎实的基础。

"君子独学而无友，则孤陋而寡闻"，独居山野，尽管乐得清静自在，但丘处机毕竟年方十九岁，人生阅历还不足，想要从根本上透悟人生，把握道之奥秘与玄机，谈何容易！韩愈有言："人非生而知之者，孰能无惑？惑而不从师，其为惑也，终不解矣。"丘处机在修炼的过程中，虽然向道心切且已略有所得，但也只是管中窥豹，略见一斑。所以不管他如何苦心孤诣地琢磨，因无人指点，连续好几个月的结果仍然是止步不前。难道自己选择的这条路或修炼的方法根本上是错的？那究竟是留在山上继续摸索，等待奇迹出现还是放弃修行，重返世间呢？正在丘处机于这去留之间挣扎徘徊之时，大定七年（1167）七月，王重阳恰好东行至宁海军度化马钰，他的种种神通异能传遍了整个登州。丘处机仿佛看到了一盏明灯，他悬而不决的心总算找到了新的方向——宁海全真庵！

随侍重阳

听丘处机讲完他的来历，王重阳十分高兴，自终南至宁海，传教收徒之事几经坎坷始终未成，马钰尽管有心修道，但意志不坚，一直未痛下决心，而眼前这位年轻人虽然涉世未深，岁方及弱冠，但求真之心极为坚毅，举手投足之间已隐隐有道风仙气，俨然是一块尚未雕琢的璞玉。若指点门径，诚心修炼，假以时日，必有大成。王重阳转念一想，考虑到丘处机身世机遇悲苦，且尚未娶妻生子，担心他是负一时之气而出世，日后若时运有转，锦衣玉食、美酒佳人、高官厚爵在前，恐难以抵挡尘世诱惑。于是有心考验他："你走吧，我不能收你。你学不了道。赶紧回去吧。免得自误。"说完便背过身去，对丘处机的恳求置若罔闻。马钰见状便将他拉开。丘处机一心求道，知道机缘难得，真法难求，若如此便轻易放弃，那便是执道不坚。不管王重阳究竟是有心试探，还是无缘亲炙，都是尽自己的最大努力去争取，才能无怨无悔。于是丘处机向马钰请求，自愿留在庵中应对打扫，处理杂物。马钰也是慕道之人，见他如此恳切，知道他是有心之人，于是提供住所让他得以安置，也从旁为他说情，希望王重阳能够网开一面。

丘处机就这样留在了全真庵。每日天未破晓，便已把庵中打扫得干干净净，供奉的祖先牌位摆得整整齐齐，王重阳坐禅时所用的蒲团，几案上的清茶和香炉都准备得妥妥当当。王重阳对此不以为然，见到他也不予理睬，甚至有时故意大声呵斥打骂。丘处机对这些考验通通是逆来顺受，喜怒哀乐不动于心，不形于色。有时候马钰过来请教，王重阳便仔细讲授内丹性命修为转化之法，丘处机便在一边偷偷地听着，把每句话都认真记在心里，反复琢磨思量，但毕竟不通文墨，道教修炼所采用的术语、暗语又杂多，所以总是一知半解，不得其门而入。不过丘处机也并不灰心，一有机会就向马钰请教，有所得便立即修行。听得多了，丘处机是又惊又喜。喜得是总算破除自己的一己之见，得以窥得方外之天地，惊的是道术修行之法门既简又繁，说它简单，是因为虽然是愚夫愚妇在日常人伦之道中都可有所得；说它繁复，是因为哪怕是圣人至人在世，其中幽微精妙之处也难以企及。有时候，王重阳看到他在外偷听，便马上停住不说。丘处机也不介怀，就如同孔子的弟子子路一样，听到身心受益的东西，马上就去做，而还没有做到自己满意的时候，还担心听到新的道理，即"未之能行，唯恐有闻"。王重阳对丘处机的一举一动实际上是看在眼里，乐在心里，知道他是一个善学笃行的好学生，于是在马钰三番五次的劝说下，终于答应下来，正式收丘处机为徒。是日，他跟丘处机行师徒之礼，为他训名为处机，字通密，道号长春子。

至此，丘处机成为"全真七子"中第一个正式拜师的门人。王重阳与之相谈后，便知他在道学修为上的长短优劣。针对他不通文墨的问题，王重阳亲炙左右，教他习字读书，给他打下了良好的文化基础。丘处机得遇明师，亦奋发有为，他为了更快更好地提高自己，"自后日记千言"，笔耕不辍，最后不但出落得别有书香风流，而且诗文功夫亦不输王重阳，留下的《磻溪集》清新隽永，读之令人不倦。王重阳还安排他掌文翰，即掌管全真道的文书档案材料，这样在日常生活中又得到了锻炼文字的机会。

关于王重阳离开全真庵，选择昆嵛山修道是有原因的。大定八年（1168）二月，马从义休妻弃子，正式入全真道为弟子，训名为马钰，是为丹阳子。全真庵就在马家附近，马钰在庵中修行，自然避免不了和家人朋友相见，世俗生活便难以真正舍弃，于是王重阳决定带领弟子离开全真庵，另觅修道之处。因为丘处机之前在昆嵛山修炼，对山中的情况甚为了解，于是就跟王重阳谈起山中清净幽然，是修道避世的好处所，王重阳听后欣然同意，于是一行人便向昆嵛山进发。关于王重阳选择昆嵛山这还有些传说。一则，有书上记载，说王重阳初到宁海时，便去过昆嵛山寻找修炼场所。他还在山间遇到当地的一位于姓大户。于氏常来往于山中，见王重阳在山林中游走，口音又不是本地人，就有些奇怪，问起他为何在此。王重阳说："你未到此山时，我便已居于此山之中。因为我的前世便已在此山的烟霞洞中修炼。"于氏听后直摇头，说道："我自幼便在此山生活，迄今已有几十年。山上没有我没去过的地方，便是一草一木也是了如指掌的，哪有什么烟霞洞，你这道人，休得胡言。"王重阳见状就笑而不言，带着他在山间寻烟霞洞，两人走到满是荆棘之处，后面有一大块石壁，王重阳指着一个地方便说："这就是我修炼的烟霞洞了。"于氏就让族人带着工具在王重阳所指的地方深挖，没过多久，便真的挖出了一个石洞，从这个洞口弯腰进去不远，便可立起身来，路渐行渐宽，洞亦是渐行渐大，走到最后便豁然开朗，一块开阔的空地摆在眼前，地上散落着一些炊具，因时间久远，已霉迹斑斑，行至最尽头，便是一大块石壁，上面灰尘蛛网已有数寸之厚，于氏让人清扫干净，石壁上就显出了三个凿刻的大字"烟霞洞"，至此方知王重阳所言不虚，见此神异，于氏连忙磕头拜师，王重阳却以他尘缘未了相推，劝他多多行善便是修道。

二则，在《全真道祖碑》上又有另一番有趣的记载。说的是大定八年三月，王重阳携弟子在昆嵛山凿洞，有一天正在山岭上采石头备用，突然山顶上有一块巨石飞落下来，眼看就要砸在众人身上，所有人一下子都惊呆了，不知如何是好。正在这千钧一发之际，王重阳振威大喝一声，这石头好像明白王重阳的心意停在半空中，最后慢慢地落下来，也正好省去了采石的麻烦。这一幕被山间很多砍柴的人看到，他们无不惊声大呼，又无不顶礼膜拜。如此一来，远近的百姓都把王重阳看作活神仙，佩服得五体投地。在烟霞洞安定下来后，王重阳为了吸引教众，还做了一些匪夷所思的事情。如以瓦片、石块为食，突然变出两个脑袋坐在庵中，种种神通应物，数不胜数。

丘处机跟随王重阳来到烟霞洞后，专心修炼，也处理全真道的一些日常文书和管理工作。马钰来到烟霞洞后，头痛欲裂，又返家中。后来几经劝化，回到烟霞洞继续修行。王重阳为了考验马钰，让他在街市乞讨钱米。马钰因家中世代显贵，难免有骄纵之气和贵贱之念，所以不管王重阳如何打骂，他始终不愿下山行乞，甚至打算弃道回乡。好在丘处机从旁劝阻，开导他破除人我众人之分，是非贵贱之别，并陪同他一起下山乞讨，马钰才终于放下架子，同意下山，才不至于半途而废，中道而止。所以后来马钰对丘处机一直心存感激，他说："祖师尝使弟子去宁海化乞些小钱来，我要使用。弟子道：'教别个弟兄去后如何？弟子有愿不还乡里。'祖师怒，打到平旦而止，打之无数，吾有退心，谢他丘师兄劝住，迄今不敢相忘。"

在烟霞洞修炼半年左右后，王重阳又迁居到文登姜氏庵。这一年，在丘处机等弟子的协助下，王重阳在文登建立了"三教七宝会"，全真道的发展有了质的飞跃。大定九年四月，受宁海人周伯通的邀请，又迁往金莲堂修法。丘处机也一同前往。据说王重阳晚上在金莲堂修行时，浑身散发着耀眼的光芒，远远望去，金莲堂好像处于白昼一般。周围的人以为发生了火灾，走近一看，才知道是王重阳带着弟子修行。王重阳还帮助老百姓挖井，宁海近海，井水咸卤，他便率弟子齐心念咒，井水从此变得甘甜清冽，信徒由此大增。丘处机等人又协助祖师建立"三教金莲会"。之后到了福山县，建立了"三教三光会"。在进入登州后，游蓬莱阁时，发生了一件奇事。王重阳和弟子们一起到海边观潮，忽发飓风，把站在前面的王重阳卷入海中。正在弟子惊慌失措之时，王重阳又缓缓从海中走来，全身毫发无损，只是头上的簪冠不见了。等了一会儿，潮水渐渐平息，众人看到簪冠飘荡在海面上都惊讶不已。之后，丘处机等人又协助祖师建立了"三教玉华会"，后来到莱州传教，建立了"三教平等会"。

通过这些传教活动，全真道在山东各地培养了大量的信众，为日后的发展打下了牢固的根基。而丘处机随祖师辗转各地，创立宗教组织，亦是从中受益不浅。所谓身教重于言教，修行并非只限于道场，有心处处是道场。传教活动既增加见闻，又锻炼能力。尤其是祖师在传教过程中的待人接物的尺度和权变，往往是随时而变，出离于规矩，不拘于教条，完全是书本上学不到的东西，丘处机看在眼里，记在心里，认真琢磨，大有启发。至于王重阳改革道教的思想，在传教过程中更是有十分清楚的体现，如上文所称的"三教某某会"中的"三教"指的是儒、道、释，而之所以如此称呼，是因为王重阳主张"三教圆融"，他从儒教中汲取"忠孝观"，从佛教中吸收"心性说"，从道教里秉承"清静无为论"，把这三者有机地结合在一起，即"三教搜来作一家"。在他看来，这三教均源自于"道"，三者"似一根树生三枝"，释迦牟尼教人摆脱六道轮回，获得涅槃清静；太上教人炼九转还丹，令人去疾病，了生死；夫子教人仁义礼智信，恐人招业在身，令人修此亦能治疾病，三教都是为了拯救"在爱河内煎煮，苦海漂沉，受其烦恼"的一切男女。所以三教平等，圆融合一。至于"玉华""金莲""七宝"等名称则是道家内丹修炼的一些基本名词术语。"玉华"指的是气；"金莲"则是神的代名词；"七宝"即人身之精、血、炁（qì）、髓、脑、肾、心。全真道认为，玉华是气之宗，金莲是神之祖，两者相结合就称之为神仙。气神相结是指性命双修，性为神，气为命。王重阳的这种富有创见的观念符合历史发展的基本趋势，既迎合了当时统治者追求稳定，形成思想上大一统的需要，也满足了许多民众在世道衰微之际寻求心理安慰和精神寄托的追求，所以全真道能够在短时期内迅速发展。而对丘处机来说，"性命双修""不独居一教"更是有助于破除执着。诚然，若是以道家之是非为是非，攻击儒、佛，是其所非，非其所是，一辈子与外物互相竞争较量，向外追逐奔驰而停不下来，死守着成见不放，又怎么能够与真正的大道合而为一呢？一味地分别彼此是非，师心自用，就好比装满水的碗，想要往里面加点东西，又如何加得进去呢？只有忘天地，遗万物，外不察乎宇宙，内不觉其一身，才能旷然无累，与物俱往，而无所不应。

也许是王重阳早就预料到自己的时日无多，也许是针对根器不同的弟子不能采用同一种教法，所以他没有对每个弟子都细心指导，而是集中精力调教一个悟道快、成效好的弟子，好让他赶紧继承自己的衣钵，使得"四海教风为一家"。而王重阳看好的弟子不是丘处机，而是马钰。后来的事实证明，王重阳的眼光没有错。据《清和真人北游语录》载，丘处机门下的大弟子尹志平曾说，祖师四大弟子悟道有先后迟速之分：丹阳子马钰是两年半，长真子谭处端是五年，长生子刘处玄为七年，而自己的师父长春子则耗费了十八九年的光阴才悟道。所以丘处机在随侍王重阳期间，得到祖师亲自指点内丹修为方面的机会并不多。王重阳所安排他的多是一些琐碎的杂务，而且极为繁多，令丘处机未尝一日稍息。眼看时间一天天地过去，日日都是处理尘俗之事，未闻得半点玄机，丘处机当然也有些焦躁之气。正巧有一日，丘处机事务不多，略微提早回到庵中，便听到内室里王重阳与马钰正在谈论调息之法。丘处机大喜，便将耳朵贴在门外偷听。当他听到这些内丹口诀，再结合平时修道所遇之疑难而有豁然开朗之感时，心中不由大喜，以至于忘乎所以，一下子把门撞开了。王重阳见他来了，便赶紧停下不说。丘处机就把所听到的这些口诀记在心头，自此以后，只要有空闲时间，便立行调息之法。但也许是断章取义终不得法，丘处机的内丹功夫不但没有长进，反而是错行倒施，动作完全不合规矩。以至于王重阳只要一看到他一出言，一举足，都要大声呵斥。

丘处机心里也开始琢磨："追随祖师以来，到现在为止都不知道何者为道。师父教给我的东西都和修道不怎么相干，这样下去如何得了。"心里有了疑惑就自然想要去问，但是丘处机见到祖师严厉的样子，想到祖师呵斥自己时的怒气，又有所恐惧，只好听祖师的话，该做什么做什么去；但不去问吧，毕竟求道心切，光阴不再来，心中总是不安。有一天，丘处机愤悱至极，总算逮到了一个机会，鼓足勇气上前问王重阳："师父，究竟什么是道？"王重阳只是简简单单地说："性上有。"便再无他言，而丘处机也不敢再问了。直到王重阳临终之际，才重新提起此事。他说丘处机还未得道，"长春所学当一听丹阳"，嘱托马钰管教丘处机。然后把丘处机喊到床边说："你有一大罪过，必须除去，往日你曾有这样的念头，即师父教的东西都和修道不怎么相干。你哪里知道，这不相干处，便是道啊！"丘处机听到祖师这么说，心中终于有所释然，但那时毕竟还未悟道，所以听后也还是一头雾水，品不到其中的真味。等到后来大彻大悟之后，丘处机重新想起祖师的话，才领悟到其中的真谛，也才真正体会到祖师对自己的一片良苦用心。因为凡是世间相干要紧之处，无非是贪爱之心所生的幻境；只要事事看淡，凡事作不干事观，才能体会真正的道。一般人不能逃离贪爱幻境，所以终身与物相刃相靡，行尽如驰，成为欲望的奴隶；终身役役而不见其成功，疲惫困顿，却不知道自己的归宿。大凡世间的事情，善恶相半，有阴便有阳，全在人自己的选择。心放在不干事处，一心向善，便逐渐远离贪爱苦海，终于止于至善之境；而处处存有相干执念，舍善从恶，便越陷越深，终于善念也无法再生了。

大定十年，王重阳在汴梁去世。马钰以大弟子的身份继承衣钵，执掌全真道。而摆在眼前首先要做的事情就是妥善安葬祖师。按理说，落叶归根，魂归故里，祖师的遗体应该归葬终南，但是全真道创立的时间不长，教内积累的资金甚少，四人的经济情况也是捉襟见肘，尽管马钰出家前家大业大，但毕竟尘缘已断，且曾发下不返乡的毒誓，所以在马钰的主持下，四弟子只有将祖师的灵柩暂存于汴梁的一位修道人士孟宗献的花园中，待日后化缘所凑得的钱修好祖庵后，再迁往终南。

随后四弟子一同奔赴终南。一是其他弟子尚不知祖师死讯，需要通报。具体如何操办，更是需要和祖师在终南的道友和弟子商议。二是祖师死前原定计划便是返乡传教。如今客死异乡，更要尊重祖师遗愿。四人按照祖师的指示，先去终南太平宫谒见了和德瑾、李灵阳两位师叔。可悲的是，师叔侄的第一次见面就是通报祖师死讯，听着师叔谈起祖师的往事，一行人无不为祖师的仙逝唏嘘感叹。祖师去世的消息传开以后，王重阳当年在终南传教时所感化的一些介于弟子和道友之间的民众也前来吊唁，王重阳当然没有跟弟子们提及这些人，所以当四人行至京兆时，有一位名叫史处厚的人前来相见，而马钰并不知道他的身份来历。之后，一行人在终南见到了王重阳东赴蓬瀛前所收的弟子严处常和刘通微，当时他们未陪同前行，便一直留在终南潜心修道。与他们相见之后，马钰等人更是感慨万千。在他们的指引下，马钰等人来到了终南刘蒋村祖师的茅庵故地和活死人墓。见到祖师当年修炼的场所，听到和祖师一样的乡音，众人不由的睹物思人，决定重修茅庵以纪念祖师，并命名为"祖师庵"。这也正好应了祖师东行前所说的"此处三年之后，别有人修"，"茅庵烧了事事休，决有人人却要修"。而后来的全真弟子就将之奉为祖庭。

终南的情况基本处理完毕之后，马钰便率领谭处端、丘处机和刘处玄四处化缘。此时的马钰已大不相同，他承续掌门之位后，深知不能有负祖师嘱托，于是处处严格要求自己，身先士卒，成为众人的表率。乞钱化缘是他以前深以为耻的事情，宁愿王重阳终日呵斥辱骂他，也不愿下山乞讨。如今他和孔子的大弟子子路一样，尽管衣服破破烂烂，但就算是和穿着狐貉皮裘的人站在一起，也不会有任何羞愧。的确，"士志于道，而耻恶衣恶食者，未足与议也"。马钰见证了祖师的死亡，他反倒是基本了断了死亡，放下了执着，事事随遇而安。生死问题是贯穿人生的基本问题，一旦有所觉悟，其他的问题自然是顺应而解了，所以马钰是全真七子中悟道最快的一个。他们四人差不多乞讨了一年多，总算是凑足了安葬和运输灵柩的费用。于是在大定十二年春，他们回到孟宗献家中，将祖师仙柩迁出，一路护送，终于归葬于终南山刘蒋村祖庵。

安葬好王重阳之后，师兄弟四人便依礼在祖庵外结草庐，开始了三年的守丧之期。同年秋，师叔和德瑾忽然生病，马钰派丘处机前往服侍。不久，和德瑾亦驾鹤西游。马钰等将其灵柩归葬于祖庵旁，与师父相伴。在此期间，丘处机跟随马钰苦修，主要学习两个方面：其一是继续学习文化知识。他以三教经典为根本，兼涉经史子集。三年下来，学业大有斩获，已由不识一字的文盲蜕变为擅长吟咏的才子。这一点从丘处机在离开刘蒋村后不久写的一首《秦川》中就可以窥得一二了："秦川自古帝王州，景色朦胧瑞气浮。触目山河俱秀发，披颜人物竞风流。十年苦志忘高卧，万里甘心作远游。特纵孤云来此地，烟霞洞府习真修。"其二是学习全真道理论。祖师所言"长春所学当一听丹阳"，马钰将九转神丹之术、性命双修之法——倾囊相授，丘处机亦全力以赴，但此时毕竟还未透悟大道，所以三年下来并未有实质性的突破。因此丘处机想要离开刘蒋村，另觅他处，等候机缘。

大定十四年中秋，为师守丧期满除服，天下没有不散之筵席，师兄弟四人也要分道扬镳，各奔东西了。在分别之前，四人一起在附近的秦渡镇游玩，游至半夜，仍是兴致盎然，因为此一别便是天南地北，再难聚首了。在月色下，四人看着彼此的脸庞，想起一起患难与共的日子，不由惺惺相惜，难舍难分，真希望这皎洁的明月永远停驻在这一刻，熹微的晨光永不再来。但四人且行且吟，天色已有微白，于是便在真武庙前停下。伴着明月清风，对着真武大帝，师兄弟们围坐下来，作最后的告别。唏嘘感叹、互道珍重之后，谈起了各自日后的志向。马钰出身富贵，从小养尊处优，高高在上，功名利禄，荣华富贵他都体验过，早已看淡，放下执着，只是贫贱的生活还让他有些不适应，所以他的志向是"斗贫"。谭处端是侠义心肠，性格耿直急躁，心中长存是非善恶之心，但师心自用便妨碍体悟大道，所以他的志向是"斗是"。刘处玄慈悲心重，温柔敦厚，但有些优柔寡断，意志不坚定，此前王重阳以大火炙热于室内、寒冰蚀骨于门外考验这四个弟子，刘处玄就受不了苦，偷偷跑掉，所以他的志向是"斗志"。最后轮到丘处机的时候，他想起祖师仙逝前所说的"不干事处便是道"，道就在无关紧要的闲事之中。自己一直对道执着以求，入门近八年，勤学苦修，仍不得道，必定是还未参透祖师的深意，所以他的志向是"斗闲"。他决定以无为之心行无为之事，一切随遇而安，不以物喜，不以己悲，断一切妄见，除是非之念，常存寂寞无为之心，是为"无为应缘，照而常寂"。

次日清晨，四人执手分袂，谭处端带着刘处玄东去洛阳，马钰重返终南刘蒋村修炼，丘处机则一路西行，寻觅修道之处。为排遣心中的不舍之情，丘处机赋诗一首：

> 自离东海上，元本三州四人同契。异域殊乡，同行并坐，终日相将游戏。谈玄论妙，究方外之清闲，道家真味。唱和从容，一师法眷情何异。

> 于今分显迥然，苦志勤心磨炼。各逃倾逝，既是飘零，难为会合。幽僻关山迢递，乾坤间隔。望落落犹如，晓星之势，再遇何年，驾云朝上帝。

吟罢，丘处机就向秦川深处走去。

磻溪蓑衣先生

丘处机与师兄弟分手后，孤身一人，蓑衣竹笠，穿梭于山林之间。饥来便食，困来便睡，一边乞讨，一边修道，逍遥自在，仿佛又回到了昆嵛山修道的旧时光。这样过了一个多月，他来到了陕西凤翔府的虢（guó）县（今陕西宝鸡市虢镇附近）境内。这里有一条从南到北而流的河水，河水清泠见底，前后蜿蜒二十里，直至渭水。河道两边是层峦叠嶂，秀异如画。初入山谷时，路道狭窄，沿河水走五六里，便豁然开朗，俨然是世外桃源。丘处机来到这里，心神为之一荡，一扫几日来行路的疲倦。前行几步便是一个小村落，村长见他风尘仆仆，蓬头垢面，于是让他入屋稍作休息。听村长介绍，这个山谷叫作凡谷，谷中之河名曰磻溪，溪中之泉，谓之慈泉，四周悬崖峭壁，幽篁邃密，林障秀阻，人迹罕至。郦道元在《水经注·清水》中也提及此地："城西北有石夹水，飞湍浚急，人亦谓之磻溪，言太公尝钓于此也。"当年姜太公便隐居在此，垂钓度日，后来被周文王所发现，委以重任，帮助周武王灭掉了商纣王，成就了人生之伟业。山上还有太公庙，供后人凭吊祭祀。丘处机听完村长的介绍，心里十分高兴。一则是此地风景秀丽、幽静旷逸，是修行之处的上上之选。又毗邻村落，人口不多不少，既远离喧嚣，又便于化缘。二则是他今年已经二十七岁，眼看就是而立之年了。自己一直修道未成，不免焦躁不安，而如今得此宝地，听闻姜太公曾在此处修炼身心，直至七十多岁方毅然出山，匡扶天下，拯救苍生，自己虽然道业不精，但只要潜下心来，假以时日，待以时机，必有一番作为。而后来的事实也证明了，丘处机和姜太公的命运十分相似，他隐居磻溪六年，龙门七年，方得以大成，而后又东归栖霞，弘教山东，古稀之年，北行大漠，劝善止杀，终于使全真道走向全国。

于是丘处机在磻溪安居下来。他在山谷深邃静僻之处，开凿了一个山洞，作为自己的冥思潜修之所，并以自己的道号为名，称之为"长春洞"。看到洞外崇山峻岭，古木参天，时有灵禽往来，丘处机诗兴大发，作《磻溪凿长春洞》："峨峨峻岭接云衢（qú），古柏参天一万株。瑞草不容凡客见，灵禽唯只道人呼。凿开洞府群仙降，炼就丹砂百怪诛。福地名山何处有，长春即是小蓬壶。"

丘处机满怀着热情与信心，开始在磻溪长达六年的苦修生涯。据记载，丘处机在这六年里，饮食上，以乞讨为生，每天只吃一顿；衣着上，一蓑一笠，严寒酷暑，终年不改，人称"蓑衣先生"；修为上，为锻炼意志，他胁不沾席。乡间老小初见他隐居，只当是惑于红尘俗世，返归山野躲避尘嚣，而后六年日日如此，方知他是得道高人，对他也产生景仰之情。的确，这六年所受之苦，是世间罕有的。与当年在昆嵛山的苦修相比，完全是有过之而无不及，这种吃苦耐劳的霄汉精神，也令后世修道之人难以望其项背，身体力行。也正是这种百折不挠的坚强意志，让丘处机能够成为全真七子中最有成就的一位。他的苦修直至今日，对有心修道之人来说，都有着借鉴和激励之用。具体来说，体现在乐学、炼心。

丘处机爱好学习，他非生而知之者，但却是敏而求之，好之乐之者。跟随王重阳、马钰学习文化知识之后，丘处机并没有浅尝辄止，满足于自己的小小成就。从今日留存的文献来看，来到磻溪之后是他诗文创作的高峰时期，其文集亦命名为《磻溪集》。从文集中，我们可以看到他对学问孜孜以求的诚恳态度。长春洞内无书可读，他便利用下山乞食云游之际，四处借书。尽管以前也曾下过苦功向学，但真正博学慎问，化诸子百家之菁华为自己之风流，却是在陇西期间。正如姚从吾先生在《丘处机年谱》中所言："博览群书，盖从隐居亲陇始。"在虢县，他曾向银张五秀才借书，并留下《虢县银张五秀才处借书》一诗，其中写道："顾我微才弘道晚，知君博学贯心灵。嘲吟不用多披览，续借闲书混杳冥。"谦逊好学可见一斑。在《磻溪集》中，我们还可以看到他与当地的一些道友、士人唱和的诗篇，如《答宰公子许秀才》《赠周二生见访》《次韵银张八秀才》等。通过与这些知识分子交往，一方面可以传经论道，宣扬全真道的基本思想；另一方面则是砥砺学问，提高文化修养。这六年的乐学也令丘处机在辞令言谈上焕然一新，玉峰老人胡光谦在《磻溪集》的序文中对他的诗文评价甚高："其文豪纵，意出新奇……动容无不妙，出语总成真。"《道藏提要》中亦称赞："其赠答应酬，随机施教，除顽释蔽，论道明心，俨然一代宗师；其居山观海，吟月赞松，流连风景，则似隐士文人。"当代研究道教的著名学者孙克宽先生也说："全真第二代如以诗的境界论，丘长春的《磻溪集》中诗篇，怕是最上乘的。"

读书无疑是极为重要的，但光读书也是远远不够的。知道一件事，只能算是若存若亡的常知。身体力行一件事，才算是真知。老子亦言："上士闻道，勤而行之。"丘处机在读书之余，大部分的时间都花在体道方面。那么如何体道呢？最基本的就是要通过苦行，达到一种不动心的境界。这种苦行落实到具体生活上，依据王重阳倡导的思想，那就是要衣食住行极为简朴，断酒色财气，弃妻室儿女，守清规戒律。马钰为了锻炼自己，誓死赤足，夏不饮水，冬不向火。王处一则曾于沙石中长跪不起，其膝磨烂透骨。丘处机也不例外，在磻溪期间，他对自己的要求比祖师的教条更加严格，可以说达到了一种几乎残酷的境地。

在穿着上，丘处机不论春夏秋冬、寒来暑往，都是一件单薄破旧的蓑衣和竹笠。夏日炎炎的时候，在山谷幽静之处，倒也好过。曾有一位叫杨五的信徒见他条件如此艰苦，还专门为他送来纸扇消暑。丘处机以自苦为本，将纸扇又还给杨五，并赋诗一首："谢公惠我白芭蕉，山谷多风不用招。城市炎天无爽气，请君执奉自闲摇。"冬日严寒的时候，大雪封山，滴水成冰，洞内阴冷潮湿，又没有燃起烟火，仅仅是将一件蓑衣披在身上，冰冷刺骨的感觉仿佛就像一把薄薄的钢刀一点点地在割身上的皮肉。尤其是到了深夜的时候，寒风吹着山间的洞穴，发出的地籁之声犹如鬼哭狼嚎一般，丘处机把洞里面所有的衣物全部披起来，牙齿还是拼命地上下打架。尽管如此，丘处机也没有被严寒吓倒，他端坐下来，反省自己修道不精，"仍自恨浊骨凡胎为劣"，于是下定决心，"须凭一志，撞开千古心月"。慢慢地气沉丹田，依照之前马钰的指点，调整自己的呼吸吐纳，去除各种私心杂念，渐渐忘却外在的环境，回到自己的清净本性，不受外界的寒热左右。左手兜起睾丸，右手掩住肚脐眼，紧闭双唇，然后鼻子缓缓吸气，用意念轻轻送入中宫，至尾闾，然后过夹脊三关，再从鼻中轻轻呼出。听气自出，意念不离中宫。如此一来，所入气息与脐内一寸三分处所存元阳真气相接，使得水火二七上下往来相须，肾中真气与心中木液，交媾混合于中宫，获得自然畅美之感。因为肾气为龙，心液为虎，所以称之为龙虎交媾，炼就的便是内丹。就这样，丘处机把最严寒漫长的冬季一天天地熬过去，自己的内心也一天天变得强大起来。等到开春了，天气略有好转，丘处机就下山在道友处寻觅破烂布片，有时甚至令人持诗至七里之外的虢县城中去乞讨破布，所以他说："树头黄叶坠千林，身上麻袍联百结。旧步重烦七里市，衲衣复待三冬雪。"

在饮食上，丘处机与孔子最喜爱的弟子颜回一样，都是"一箪食一瓢饮，在陋巷，人不堪其忧，回也不改其乐"。他每天只吃一餐，主要是到山下的村落去乞食。他曾这样描述自己的生活："烟火俱无，箪瓢不置，日用何曾积。饮餐渴饮，逐时村巷求觅。选甚冷热残余，填肠塞肚，不假珍羞力。"如此的窘困潦倒，他却不以为意，自嘲道"免得庖厨劳役"，而且吃得少了，"色身轻捷，法身容易将息"。

衣着饮食极为简陋，这还只是丘处机所修习的全真道苦行精神的低层次部分，因为这毕竟还是一个物质层次的问题。在磻溪六年，为了"斗闲"，为心灵上根本的觉悟作准备，还必须时时刻刻与自己的心魔作斗争。人活在世上总是有各种各样的欲望。有了欲望，心就容易向外逐物，一旦迷于外物，则失却本心。王重阳就认为，人是因缘聚合的凡躯，本有较长的寿命，但为欲念驱使，爱慕荣华富贵，结果"四假凡躯恰似蚕身缘，各缚缠，夸作茧，裹了真灵，直待锅儿煎"。酒色财气是凡人钟爱之物，但王重阳说这是四害，酒是"恶唇脏口性多昏"，色为"多祸消福损金精"，财是"作孽为媒唯买色"，气为"伤神损胃聘猩狞"。这四害迷误人生，令人沉沦苦海，永难超生。他还在《金关玉锁诀》中言："第一先除无名烦恼，第二休贪恋酒色财气，此者便是修行之法。"

丘处机在对待自己的欲念方面，亦是痛下狠手。他把欲念称为害道"十魔君"，其中有：六欲魔、七情魔、富魔、贵魔、恩爱魔、灾难魔、刀兵魔、圣贤魔、妓乐魔、女色魔。这些欲念都是邪念。一念生起，便不得清净。而继承丘处机思想的弟子尹志平认为，对修行最大的妨害，就是食、睡、色。饮食上不节制，就会多睡。多睡是最可怕的，因为情色之欲多由此出。要修道，最基本的入门之法就是克制这三欲。尤其是要斗睡魔。丘处机甚至非常明确地说："莫寻玄妙，我分明说破，修行关窍：战睡敌魔，忘情绝念，此是圣贤正教。"话虽如此，但实际做起来却是非常不容易，而且在精神上是极为痛苦的。睡眠是人的正常需要，人一生有近三分之一的时间是在睡梦之中。一般人如果几天没有获得充足的睡眠，就会脾气焦躁不安，身体机能下降，行为举止失常。所以要做到一个星期不睡都极为困难，何况是六年不眠，但这正是丘处机的过人之处。他有极其坚忍不拔的毅力，故能忍受常人所不能忍受的痛苦。这其中的艰辛，丘处机亦唯借诗词来抒怀："睡魔王，百般作害为殃。白日间，犹教可；夜更深，无处潜藏。恼得人，昏如痴醉，坏修行，轻送无常。眼若胶粘，头如山压，一团昏闷。"

为了战胜睡魔，丘处机是无所不用其极。据说丘处机在困得受不了的时候，就把自己穿的一双草鞋解开又系好，系好又解开，如此反复不已。若还是对抗不了，便来回搬石头上山走动近二十次。在《丘祖全书》中说他为了"炼睡"，天一暗下来便开始四处走动。来来去去，上山下山三四十回。日复一日，功夫不负有心人，只用来回七八遭，就"性子长明，不曾昏睡"。一天十二个时辰里，前八个时辰保持清醒，到了第九个时辰，更是小心警惕，不敢"放令自在"。炼睡的时间长了，便自然而然，心地精爽，妄念也无从而生，所以炼睡就是炼心。当然，炼睡是手段，炼心才是目的。一味地禁止睡眠，结果导致幻象重生，魔境如实，那反倒是适得其反了。只要时时能保持内心清静，不生邪念，便是炼心了，今人无须照搬丘处机修道的方式，但须有丘处机悟真的精神。正如马钰在论及关于禁睡问题时曾言："守炁妙在乎全精，尤当防于睡眠。方欲寝时，令正念现前，万虑悉泯，敛身侧卧，鼻息绵绵，魂不内荡，神不外游，如是则炁精自定矣。"

人有七情八欲，丘处机将之都称为魔。炼睡是为了对治"六欲魔"，所以还需要用其他的方法来克制"七情魔"。据说丘处机在洞中修炼时，每到三更半夜，不仅要对抗睡魔，还时不时地有豺狼虎豹到访。在磻溪修行到三年左右的时候，有一天丘处机收敛身心，面壁静坐，直至深夜，才回神于洞中。正在此时，他突然听到身边有轻微的脚步声和喘息声，心里不免疑惑怎么会有人深夜到访。他正欲起身迎客时，眼睛的余光扫到了声音传来的角落，一双绿莹莹的眼睛正看着自己，且缓缓地向自己走来。略微撇过头去，正眼一瞧，原来是一头猛虎。丘处机大吃一惊，心想大业未成便要葬身于虎口，多年来的修为竟要毁于一旦。于是他屏住呼吸，气沉丹田，握紧双拳，身子一动也不动，打算积蓄力量，在千钧一发之际予以重击。幸运的是，老虎见到他端坐如磐石，便围着他走了几圈就匆匆离去了。丘处机终于松了一口气，但却发现就在这短短几分钟之内，身上的汗已经浸透了衣衫，心虽然没有刚才跳得那么快，却仍然能听得很清楚。丘处机惊魂未定，站起身来，连忙找来篱笆，打算把洞口围住，以防猛兽再来。不一会儿，篱笆墙就快搭好了。正在此时，一个念头闪过丘处机的心中："这篱笆墙能够拦得住外界的猛兽，但抵挡得住心中的情魔吗？因为猛虎在前，我便心生恐惧，我在恐惧什么呢？我害怕自己会死啊！可是生死岂是害怕能够阻拦的？我用恐惧去面对死亡和螳螂用自己的手臂抵挡前进的车轮又有何区别呢？不管是生，还是死，都是自然而然的事，应该任其自然，随顺而安。这个道理我虽然明白，但猛虎一现，才发现自己恋生怨死之心犹在，根本没有了断生死，真正知道！若是如此，围其篱笆又有何益？在山中修炼又有何益？"于是下定决心，再修三年，一定要炼心如寒灰。从此每晚静坐修炼，无论洞中有何物来访，他都兀兀腾腾，任生任死，最后终于做到"真心常明"。

山中的猛虎可怕，人间的诱惑更可怖。猛虎的可怕是表里如一的，直截了当的，清楚明白的；人间的诱惑往往包裹着蜜糖，散发着芳香，显露着光芒，看上去无比美好，勾引着人们不断地昂着头追寻，却忘记了低头看一看自己是不是走到了悬崖边缘。丘处机在山间清修之时，几位师兄弟在尘世间亦经历了千锤百炼。谭处端的志向是"斗是"，于是他到是是非非最多的红街紫陌中锻炼自己。据《金莲正宗记》载，他在洛阳修行时，门徒甚众，但仍然坚持乞食为生。有一次他到一禅师处化缘，这禅师素来痛恨道人，于是见到谭处端便不分青红皂白就朝他脸上猛击一拳，这一拳打得谭处端满脸是血，两颗牙齿也被打落。因为谭处端深明铅汞之道，乞食化缘之际常治病救人，所以周围的人见得如此情况，连忙堵住禅师的去路，要将他押送至衙门法办。谭处端却和着血，把两颗牙齿咽入腹中，然后满脸微笑地对众人稽首，劝众人不要与禅师计较，任由他去，丝毫没有把被打的事放在心上。众人见此，愈发佩服谭处端的修养，由是名满京洛。马钰听说这件事后，对他大加赞赏，说"一拳消尽平生业"。谭处端为消弭胸中戾气，还潜心书法，专书"龟蛇"二字，习而不已，久而久之，二字妙趣横生，有飞腾变化之状。他平时则对自己严加反省，他曾写道："垢面蓬头摧壮锐，粗衣淡饭远轻肥。常清常静无作为，十二时中暗察思。"

刘处玄的志向是"斗志"，重阳临终之际，叮嘱谭处端代为管教。谭处端便带着他在洛阳修行。要克服怠惰的心志，必须经过一番刻苦的锤炼。在都市之中，最令人眼花缭乱的，除了财货，便是美色了。但这两者相较，对人心之腐蚀最大的还是美色。古今多少英雄，刀山火海，千军万马皆死不旋踵，但唯独美色当前，便忘乎所以，沉沦欲海，不能自拔。所以嘉庆年间素朴老人所编的《通关文》中，把"色欲关"放在修真之人要破的第一关。他说："夫色欲一事，为人生要命第一大关口，最恶最毒。……故修道者，戒色欲为第一者。但色欲最不易除，亦所难防。"全真道的远祖吕洞宾亦说："二八佳人体似酥，腰中仗剑斩愚夫。虽然不见人头落，暗里教君骨髓枯。"王重阳则明确指出色欲会"伤玉液，摧残气神，败坏仁德。会使三田空，能令五脏惑"。后来记载丘处机觐见成吉思汗的《玄风庆会录》中亦称："故学道之人，首戒乎色。"因此，要锻炼刘处玄的心志，在这洛阳城中，最好的地方便是烟花柳巷。于是不满三十岁的刘处玄便整日混迹于烟花巷之中，每天见到的都是粉雕玉琢、皓齿朱唇的二八佳人，听到的都是娇笑媚嗔、淫声浪语。刚开始刘处玄也不免心神不宁，按捺不住，但他始终坚持与自己的心魔作斗争，逐渐地去除心中的妄念，不以己之欲观物，而是以物观物，将美女的娇痴媚态通通还原为最普通的形象，与一草一木、一石一树等量齐观，于是便没有美丑善恶，没有娇，亦没有痴，心中清静自然，不再受外在色相所牵制。通过这番勇猛狠力的炼色功夫，刘处玄终于打通色欲关，外则对景忘情，内则欲念不生，悟真修为大有长进。透悟之后，重返莱州，又因诬告沦为阶下之囚，刘处玄仍然是虚以应物，随顺自然，不作抗争，亦不作辩解，把监狱当道场，苦修一百多天，后因凶手投案自首，才得以无罪释放。众人见他喜怒哀乐不入于胸次，都敬佩不已，刘处玄由此名噪一时。

在磻溪修炼的丘处机听到师兄弟们的修道有成，再看看自己仍然是浊身凡胎，觉得他们的福慧相貌都要胜过自己，若不加紧修炼，只怕自己福小终难悟道。而磻溪正值春暖花开之际，莺声呖呖，燕语呢喃，连山间的猛兽也平和起来，贴在一起耳鬓厮磨，偶然还有村里的姑娘上山来摘些野菜瓜果，一路嬉戏，发出银铃般悦耳的笑声。春意盎然，鸟兽成双，万物归复的景象是美的，但对于独坐在洞中的丘处机来说，每一分每一秒都是寂寞的煎熬。尤其是听到那少女的浅吟低唱，婉转娇嗔，更是坐立难安，每一言每一语都犹如古寺晨钟一般，初而响亮，渐而幽深，若有若无，久久在心中回荡。好不容易将心头的欲念压下去，沉寂不到半个时辰，又有无穷忧思浮上来。他只好走到洞口，眺望远方，恨自己断不了情丝，甚至想放弃修道，长叹一声，只有借诗韵化作酒，浇胸中之块垒。他的《杜鹃》倾诉寂寥："春暖烟晴，杜鹃永日啼芳树。声声苦劝人归去，不道归何处。我欲东归，归去无门路。君提举，有何凭据。空说闲言语。"《青莲池上客·幽栖》则排遣苦闷孤独："一从东别长安道。西住磻溪庙，渐扣南山名迹杳。洪沟冷淡，土龛潇洒，北府何曾到。夜深陌上行人悄。独听岩前子规叫。切切松梢啼到晓。声声相劝，不如归去，争奈功夫少。"

丘处机自小孑然一身，一直不知寂寞愁滋味，如今三十出头，正是血气方刚，"爱欲千重"，其中的真味终于尝透。想起比自己年长一岁的刘处玄在烟花柳巷之中，都能做到心如死灰，而自己在山间顽空守寂，却对情欲摆不开，丢不下，不由惭愧不已。又记起重阳祖师曾因自己年少未娶妻生子不愿纳入门下，更是如坐针毡。若自己冲不过情欲这一关，岂不是辜负了祖师谆谆教诲！眼看已过而立之年，尚且一事无成，今若因情欲而中道而废，十多年的修为便一朝葬送。想到这些，丘处机决定用最残酷的方式来根除情欲。据《真仙直指语录卷下》中的《清和真人语录》记载，丘处机在磻溪修行，曾遇到"二番死魔"，"一番净身，自险死"。清和真人便是丘处机的得意门生尹志平，他绝不会胡编乱造败坏自己老师的名声。而在金代全真道士刘志玄所著的《金莲正宗仙源像传》上，丘处机之像也是白皙无须。明代王世贞的《游白云观记》中亦载："长春真人像白皙，然肤理皴皱，无须，若阉宦然。"明代宦官更是以丘处机为祖师，每到正月十九日，便到白云观散钱施斋，祭拜真人。由这些材料，我们大致可以推论，丘处机为了克制情欲，自行阉割了生殖器，并差点因此死掉。这一举动若是没有坚定的向道甚至殉道之心，是断不会做出的。丘处机也因经历这一番生死，终于真心悟透情欲，闯过色欲关。至难至艰之关已过，处理其他问题，便游刃有余了。对此，丘处机可以说是别有一番体味。所以我们可以看到，在《磻溪集》中丘处机对"戒色"的再三重视。他在《示众戒色》中写道:"劳生有万种,最大无过色。不唯丧命根,复乃销阴德。还能戒此一,酷胜其他百。慕道修仙人,从来是标格。"《示众三十七首》中又说:"色身元有限,情欲浩无涯。痴似蜂贪蜜,狂如蝶恋花。六根谁是主? 贪欲自招殃。一念色心动,百骸秋气伤。"至于山林间的情影妙音,则被他一朝勘破,化为假躯:"一团脓,三寸气。使作还同傀儡。夸体段,骋风流。人人不肯休。白玉肌,红粉脸。尽是浮华妆点。皮肉烂,血津乾。荒郊你试看。"

另一番死魔是丘处机在山上往来搬石炼睡时,突遇山体滑坡,巨石从高处滚落下来,速度极快,丘处机来不及闪避,结果被这"飞石打折三根肋肢"。山间既无医药,更无人照料,身负重伤的丘处机要不是平日往来山间练就了一副铮铮铁骨,当场就要痛死过去。他缓缓地拖着伤痛的躯体,回到洞中,调息止念,运气疗伤,过了好些日子才康复起来。时隔不久,又有病魔袭来,一病未除,一病又起,"扑折三番臂膊"。丘处机在磻溪六年,可谓是出入鬼门关数次,若换做一般人,早已心生退志。而他却在逆境中磨炼自己的心志,"下十分功,十分志",反反复复,几经生死,真正做到了"不动心"。既不为世间富贵荣华名利财色所惑,也不以山间幽栖寂寞生死疾病为苦。用他自己的话来说,便是"没于洪山而不知,虎卧于旁而不畏""心中无杂念,境上得闲游"。长年的修行终于让丘处机真正领会到了王重阳所告诉他的"不相干处便是道",也总算实现了入山之前的抱负——"斗闲"。而在他出山之后,他亦让弟子门人修习这种"不动心"的"闲"功夫。当然后世之人已经少有丘真人这种"苦志"了,所以往往修得到表相,入不得真境。据说下山之后丘处机回到山东,有一名道人盘坐多日,自称"炼尽无明火也",要求与丘处机相见,一起坐而论道。丘处机听闻后，便说"无明火尽则心不动"。于是有心试探道人。当晚待道人休息后，用木杖猛击大门，道人立刻火冒三丈，怒气冲冲地去开门，结果一看是丘处机，又立刻和颜悦色起来。通过这一试探，丘处机就知道此人根本没有"炼尽无明火"，人相、我相、众生相在心中可谓是相相俱在，泾渭分明，哪是心若寒灰，遇境不执的"不动心"呢？所以丘处机对众人说："此人人我心尚在，未可与语。"

龙门悟道

六年的磻溪清修在丘处机的乐学勤修中不知不觉就过去了。在这期间，丘处机、谭处端、刘处玄和马钰尽管分隔四地，但仍有书信往来。加之祖师弥留之际有所托付，马钰对丘处机是关爱有加。他曾写诗鼓励丘处机："何须求富并求贵，不必文章如白侍。研究性命好生涯，保惜根源真活计。藏机隐密玄中最，肯向人前夸提对。琼浆玉液饮千盅，霞友云朋酬一醉。"他还写信传授内丹修炼的法门："君乐山，予乐水，乐水乐山算来何济，都不如净意清心，炼冲和真气。坎离交，木金戏，产无影姹婴，五明宫里。便顿觉丹结灵灵，得真欢无比。"除此之外，马钰亦四处行走，便有些机缘让他们两人相聚。在大定十八年（1178），马钰已参透生死，体悟大道。于是离开终南刘蒋村，开始在陇州一带传教。丘处机所居的磻溪正好就在这附近，此时他还没有大彻大悟，在内丹修炼上，正处在"不愤不启，不悱不发"之际，急需高人指点，于是连忙赶往陇州，与丹阳子相会。师兄弟二人相见，分外高兴，谈道论德之余，两人携手共赴龙门山，见此山山势挺拔，荒凉险峻，山下更有峡水滔滔南流，水势湍急，白浪拍岸，轰轰作响，愈显山中幽静，心中之尘埃仿佛亦被此峡水冲刷，诸念断灭，灵归静寂，自然而然有飘然尘外之感，两人流连忘返，均觉此地为修行之妙处。

大定二十年，丘处机在磻溪已苦修六年。此时的丘处机已斗过几番"死魔"，在心性上已看淡生死，看破是非，早已不是那个懵懵懂懂，只知坚心向道的少年郎。三十三岁的丘处机确实做到了"三十而立"，他对自己何去何从有着极为清醒的认识，对社会人生的奥妙已有常人无法体悟的真觉解，他就好像一条潜龙，静静地栖居在山野之中，等待飞天的那一刻。当然，磻溪也已非当年的磻溪了。丘处机的神异之事早已传遍了周边的村落，老百姓见他无论冬夏寒暑，都只着一破旧蓑衣蔽体，都称呼他为"蓑衣先生"。另从《磻溪集》可以看到，当时磻溪周边已有不少达官贵人慕名而来，与他唱和应酬，求修真成仙之道。磻溪这块本来与世隔绝的桃花源如今已喧闹繁华起来。丘处机并不是那种沽名钓誉之人，尽管道有小成，但若就此自满自足，终日混迹于朱门大宅之中，虽无不可，但反躬自问，修道之事未竟，且待客迎宾毕竟不是修道之法门，苟且于公侯，仰仗权贵之鼻息，亦无异于之前的道教中人。丘处机于是思虑再三，决定远离尘嚣，移居龙门，继续清修，不透悟，不彻明，决不下山。

丘处机的志向气魄确实是异于常人，这一隐修，又是七年。这七年间，虽然声名鹊起，但他从不改磻溪苦修之志，甚至对自己的要求更加苛刻。当然有着磻溪六年的炼睡炼心的功夫，龙门的生活是驾轻就熟，应对自如。据《玄风庆会图说文》卷一《龙门全真》载，丘处机来到龙门之后，因为远离村落市集，于是不再靠乞食为生，自己在山洞之中搭起一个简陋至极的炉灶，捡些野果菜蔬，每天仅吃一顿。山岩之间有积水沉淀，形成一个悬泉，丘处机就找来破瓦碗，搁在岩石下面接着滴水，一日下来，刚好能接满一碗水，他便靠这碗水来解渴。

在山林间清修的数年，外面的世界已经发生了很大的变化。早在大定元年（1161）海陵王完颜亮率金兵六十万伐宋，企图"提兵百万西湖上，立马吴山第一峰"，对南宋江山抱有志在必得之意。只是"积不善之家必有余殃"，海陵王专横跋扈，辱人妻女，行军一半便后院起火。南进胶西陈家岛时，又骄纵轻敌，结果被宋将李宝水师突袭成功，几乎全军覆灭。之后海陵王亲率大军逼近采石矶，又为宋将虞允文所败。两番败绩打破了完颜亮不可战胜的神话，朝中长期压抑的不满情绪总算得以爆发。九月东京留守完颜雍自立为帝，改元大定，是为金世宗。十一月部将完颜元宜等先是将海陵王砍伤，后用绳将其勒死，最后以大氅裹尸而焚，一代枭雄年方四十，便死于非命。从此南宋不再称臣于金，形成南北对峙的局面。

金世宗主政之后，对外停止侵宋战争，南北百姓总算得享短暂的太平；对内革除海陵王时期的苛政恶法，任用各族人士为官，尊贤敬能，不独贵女真族人，又重兴科举，热心于汉族文化，推崇儒学，兼容佛道。从1161年至1189年，金王朝在完颜雍的统治下，采取减免奴役，轻赋薄敛，与民休息的政策，天下安定，百姓小康，出现了"大定盛世"的繁盛局面。金世宗为人亦谦和重情，在他做济南尹时，海陵王觊觎其妻乌林答氏的美色，宣召她入京面圣。乌林答氏素闻海陵王之恶名，为了保全自己和夫君的清誉，在进京途中自杀身亡。金世宗登基之后，尽管安享二十九年太平，但不再册立皇后，以报答乌林答氏之恩情。金世宗为政清明，生活朴素，励精图治，连与之敌对的南宋士大夫朱熹都称赞他为"小尧舜"。

金世宗为了安抚民心，对民间宗教采取了相对宽松的政策，期望宗教能够发挥慰藉心灵、稳定政局的作用。同时也为了解决财政军需，采取了僧道度牒、寺观名额等管理制度。金世宗即位之初，王重阳尚在终南一带修炼传道，所以大批的观额和度牒都被太一教和大道教等买走。时隔不久，一些民间宗教团体羽翼渐丰满，发展遭遇瓶颈，加之对汉人的欺压仍时有发生，这些宗教团体和起义军便混同在一起兴风作浪。大定三年，开封的僧人法通"以妖术乱众"；大定十三年，僧智究，假托抄化，诱惑愚民，潜结奸党，拟先取兖州，会徒峄山，以"应天时"三字为号，分取东平诸州府，意图推翻金朝统治，后皆伏诛，连坐者四百五十余人。至此，金世宗不得不对民间宗教有所警觉。大定十八年九月下令"禁民间无得创兴寺观"，又加紧对僧道度牒的清查。而恰好在这一年，马钰悟道出关，面对太一教和大道教发展得如火如荼的形势，他不得不加紧在陇州一带传教收徒。不到两年，马钰门下已集聚弟子二百余人。不幸的是，大定二十一年，金政府对民间宗教发展的情况基本盘查清楚，为避免僧智究之事再次发生，下诏禁止道士游方，遣发无牒僧道各还本乡。此时正值马钰在陇州传教大有起色之际，意图对传统道教进行大刀阔斧的深入改革，于是继续停留在终南一带。不料马钰在虢州靖连镇、京兆府、终南甘河镇连遭三次官兵盘查，最后京兆府发牒，强行遣送马钰返还山东老家。马钰也对弟子来灵玉说："衣服破旧了，把它重新修补整洁叫什么？"来灵玉说："拆洗。"马钰接着便谈起了东归之事："东方的教法年深弊坏，我要过去拆洗拆洗啊！"但是如果彻底放弃终南，那这数年来所付出的努力便付诸东流，全真道想要再在陇州立足便是难上加难，如此一来，有何面目与祖师之灵相对呢？所以马钰东归之前，便将终南兴教之事交予丘处机，希望他留守龙门，掌管好祖师基业。丘处机和马钰一样都是山东人，亦无度牒，按理也应遣返山东，但他在磻溪修行时，已与当地权贵有所交接，于是利用各种社会关系，让他们为自己说情留守龙门。如此一来，才在龙门坚守七年。

这七年间有不少求道之士奔赴丘处机门下。入门早一点的就是原本马钰门下的弟子赵九古、毕知常。马钰在东归之前，让他二人留下，陪同丘处机在终南传教，这便是全真道中的龙门派的雏形。赵九古为檀州人，出身贵族之家，年少时便有出家学道之志。先在甘肃平凉拜道人崔羊头为师，苦炼心志，三年不改。大定十九年（1179）转投马钰，大定二十一年遵师嘱，入丘处机门下。丘处机对他十分信任，之后西行觐见成吉思汗，选十八弟子随行，赵九古为十八弟子之首。毕知常亦是出身富贵，家风尚道，兄弟四人都好清虚无为之学。大定十二年马钰在祖庭守丧，毕知常兄弟四人便前来拜师求道。之后与赵九古遵师意留守龙门，照顾丘处机日常起居饮食。毕知常精于医术，宅心仁厚，闻人有疾，不择贫富，必往救之。大定二十二年，女真族人蒲察道渊前来拜师。此人出身显贵，祖父为金朝开国功臣，被封为世袭千户，是燕都的豪门望族。但蒲察道渊从小便与众不同，不喜荤腥之物，好清静逍遥之道。年长后，父母以婚姻相逼，便离家出走，居于山中，昼以蔬果泉水为食，夜以天地草木为席，如此在山间修炼多年。后听闻丘处机种种神异，便奔赴龙门，诚心学道。丘处机见他器宇不凡，家世显赫，便有心去除他身上的娇贵之气，于是让他随侍左右，如同当年王重阳教化自己一样，每日让他劈柴担水，处理各种杂务，而道渊毫无怨言，质朴勤劳，四年如一日，屡受丘处机赞扬。大定二十六年，丘处机在汧阳创立石门全真堂，见门下弟子中独有蒲察道渊弘道不遗余力，且为女真贵族，便派他主持石门全真堂。蒲察道渊亦不负所托，将石门堂办得有声有色。陇州女真官将皆慕名而来，道渊秉承全真道法，以三教圆融，尊德贵道，识心见性，广结善缘，功行双全教导权贵，一时政风归正，人心向善，陇州一带大有改观，全真道也成为终南的显教。此外还有于善庆等弟子，在此不一一赘述。

在龙门时期，丘处机虽然由孤身一人变为门下弟子甚众，但修行之苦志从未更改。虽然有弟子随侍左右，照料衣食，安置起居，但丘处机仍然坚持俭约清苦的作风。尽管无须亲自下山乞食，改由每日弟子供给，但他只吃米面，且只吃一餐，不吃其他任何东西。有一次弟子下山给他带来水果与茶点，却被他训斥一通。丘处机将这一习惯保持终身。之后与金世宗等权贵交接，出于礼仪不得已而为之，也是浅尝辄止，所以后世皆以"苦行禁欲"评价全真道。金元之际的大诗人元好问在《紫虚大师于公墓碑》中便说："予闻之今之人，全真道有取于佛老之间，故其憔悴寒饿，痛自黥劓（yì），若枯寂头陀然。"

在山间修道日久，丘处机不但对全真道思想有所继承，而且还提出了自己的一些创见，进一步推动了全真道理论的完善。其中最重要的就是"有为"思想。"有为"和"无为"是道家的一对重要范畴。老子在《道德经》中主张"无为"，他说："道常无为而无不为。"道体的运行是自然而然，无须人为造作的，但产生的效果是万物生生不息，天地创化不已。老子以此劝告众人不要师心自用，任意妄为。道教吸收这种观念，强调人要清静寡欲，与世无争。王重阳在创立全真道时亦秉承了这一思想，而且他将"无为"更为具体化，强调要远离尘世生活，不问世事。马钰亦主张"无为"要与世隔绝，他说："无为者，不可思虑、爱念、嗔恚，盖积利害。"他还说："人若行有心有为之功，盖是法术；若行无心无为之功，乃无尽清虚也。"这种看似极端的出世观念其实是对唐宋以来道教重外丹轻修行、兴斋醮争荣华的颓唐之势的纠偏，使得全真道在发展初期以复归原始道家的面貌，迥异与沉浸于方术的传统道教，有其积极的意义。当然时过境迁，一味强调独善其身，而不理会天下苦难大众，很明显是无法与当时的太一教、大道教及佛教抗衡的。

因此丘处机与他们不同，他没有执守"无为"一面，而是认为"有为"和"无为"是道的一体二面，不可截然分离。他说："道本有为有作，原非枯坐空顽。修丹何必弃家园，混俗和光取便。"道绝不是空寂不动的，其本身就是运转不息，如果一味枯坐，那离道会越来越远。修真求道并不一定要舍弃家园，尘世间亦大有可为。若为了修道便舍弃红尘，那么身在山野后，仍有无明烦恼，又舍弃山野吗？所以，道不是片面的无为出世，而是在红尘中超越红尘。有为无为都是道，只是道显现出来的不同表现而已。他用孔子教导颜渊的"用之则行，舍之则藏"来做类比，有为便是"用""行"，无为便是"舍""藏"，都是与时消息，应物变化。这种观念反映到具体生活之中，就是：一不能与世隔绝，对世间事充耳不闻；二不可执着名相，对财名利汲汲而求。无为中存有为，有为中纳无为，两者是一种相互贯通、相辅相成的辩证关系。丘处机明确地说："全抛世事，心地下功夫，无为也；接待兴缘，求积功行，有为也。"所以，丘处机与马钰不同，他并不甘于只在山间隐修，度化自己，他还要济世救人，积善修福，时时以天下苍生为怀，日日以四海昌平为念。他的诗文中也时常以民间疾苦为主题，如"数载田苗长亢旱，今春雨雪何滋漫，嘉兆分明知过半，将来看，掀天大熟歌讴满"，讲的便是久旱无雨，喜遇春雪，五谷丰登之事。"皇统年时饥饿，万户愁生眉锁，有口却无餐，滴泪谩（mán）成珠颗"则追忆皇统大饥荒的惨状。

正是有了这种"有为"观念，丘处机才走出自己觉悟的一条大路。在《清和真人北游语录》中，尹志平记录了几乎是对丘处机一生盖棺定论的一段话："我今日些小道气，非是无为静坐上得，是大起尘劳作福上，圣贤付与。得道之人，皆是功行到，圣贤自然与之。"这里所说的"大起尘劳"便是外在的事功，主要是"服勤苦"，尽心教门，建功立观，发展教徒，壮大全真队伍。所以在马钰将终南兴教之事托付给丘处机后，尤其是大定二十三年（1183）马钰东归仙逝于莱州后，丘处机便以积极进取的态度交接社会显达权贵，为全真道在陇西的发展不断地打开新的局面。从《磻溪集》中，我们可以看到，与他诗文唱和的有京西留守夹谷清神、温迪罕千户、同知定海军节度使张侯、圣州节度使耶律仲泽、曹王妃、京兆统军夹谷龙虎、陇州防御使裴满镇国等。他对金朝权贵的态度并非金庸小说中的拔刀相向、剑拔弩张，"恨不得杀尽天下金狗"，而是有心结交，善于利用，不但没有反金意识，而且还为自己不能为金国出谋划策感到羞愧。如《答京兆统军夹谷龙虎书召》一诗所言："休休道人（曹王妃所派道士）方归去，赫赫王侯又到来。自愧心中无道术，空教外迹播尘埃。"通过与这些达官贵人交往，丘处机获得了金政府对全真道的支持，终于在陇西将全真道发展得如火如荼。这种"有为"观念不止于龙门时期，而是丘处机东归及大漠西行"一以贯之"的修为方法，正是因为这种观念，才有丘处机的"劝善止杀"和全真道在金末元初的大兴。当然，也正是因为这种观念，在全真道发展的中后期，门人子弟已经无法准确拿捏"有为"与"无为"之间的分寸，而大兴土木，雕龙画壁，极尽豪奢之能事，甚至侵占其他教派的寺观，终于丧失了全真道见素抱朴、苦行俭约的作风，背弃"道伴不过三人，茅屋不过三间"之戒，又走上了其所批判的传统道教大兴斋醮、鼓吹神异的老路子。

大定二十五年，从马钰手上接过教掌全真重任的长真子谭处端在洛阳仙化，享年六十三岁。加上大定二十二年和二十三年先后仙逝的清静散人孙不二和丹阳子马钰，全真七子尚存四人。祖庭掌教之事必落到这四人肩上。刘处玄年长丘处机一岁，成为全真道第四任掌教，但他常年在山东弘教，对终南祖庭兴教之事无暇打理。王处一亦留守山东，据《金莲正宗记》载，说他往来于登州和宁海之间，夜则归隐于云光洞口，偏翘一足独立于悬崖边，东临大海，未尝昏睡，百姓都称他为"铁脚先生"。如此炼睡锻形九年之久，入于大妙，出神入化，接物利生。丘处机亦称赞他"九夏迎阳立，三冬抱雪眠"。此外，郝大通另遇师缘，实际上已走上另外一条发展路线。所以，光耀祖庭、执掌全真的实际工作就只能由丘处机来承担了。于是大定二十六年，先后在磻溪、龙门潜修十三年的丘处机，"真积力久，学道乃成"，终于大彻大悟，功德圆满，有下山之志。

促使他下山的还有其他原因。大定二十五年，在离丘处机修炼之处不远的地方，突然传来了一阵阵吵闹声，还伴杂着斧斤斫木的声音。丘处机觉得奇怪，平日里山间很少有人往来，今日为何如此嘈杂？于是从洞中出来，看到一群樵夫正抢着斧头在对面的山涧上砍着被丘处机视为"长兄"的千年苍松。入龙门以来，这棵松树一直就在西山陪伴着他。他说："天生此境为吾伴，隔涧相陪远相看。"日日为伴的古松眼看就要被人砍成几段，丘处机连忙出声禁止，而那几个樵夫又如何能体会这山野中人对古松的感情呢？只是纷纷晒笑这个道人迂腐古怪，手中的斧头一刻不停地向古松挥去。这修行千年的古松不到一盏茶的工夫便四分五裂了，细碎的枝条不便携带，樵夫们便点起火来，化成了一阵青烟。丘处机看着古松化为乌有，不由感叹道："斧声丁丁响溪谷，松烟惨惨愁山麓。也知天意我将归，故遣灵岩尔先覆……亦知物象终难固，凡百有形皆有数，高歌物外归去来，大隐尘中亦开悟。"古松千年修为，一朝归于空寂，虽然潜藏山中，难避尘世斧斤，千年修为尚且如此，我区区十三年又岂敢苟全性命于乱世呢？这世上哪有固定不变的物象呢？一切都是因缘聚合离散罢了。随缘而起，依缘而散，也许老天爷就是用这棵与我朝夕相伴的古松提醒我吧！至此，丘处机终于下定决心离开龙门了。

六年前，因为度牒一事，马钰在陇西被三次盘查而后迫返山东。丘处机如今要下山传教，不能不解决度牒的问题。而这六年来，丘处机自悟的"有为"思想则为他已经铺好了下山的路。与他交往甚密，青眼相待的京兆统军夹谷龙虎知他有出山之意，便上奏金廷请求批准丘处机主持全真道终南祖庭。而此时的丘处机早已是闻名远近，金廷的权贵亦有不少是全真道的信徒，所以，夹谷龙虎非常顺利地拿到了金廷的诏书。于是大定二十六年冬，夹谷龙虎派遣官吏和马钰的弟子宋明一等一行人，持诏赍（jī）疏上前谒见丘处机，请他下山主持终南祖庭。丘处机欣然应允，带领弟子由龙门迁往祖庭。而马钰在东归之前，丘处机尚未得道，为了让他专心悟道，马钰将祖庭暂时交由师叔李灵阳和弟子吕道安掌管。丘处机回到祖庭之后，便正式接管陕西全真道事务，并带领众人乞讨化缘，将终南祖庵修缮一新，正应了重阳祖师所言"茅庵烧了事事休，决有人人却要修"。往日冷清的祖庵在丘处机的领导下，教门大开，一时香客如云，门庭若市，前来求法者络绎不绝，丘处机不负众望，终于将终南祖业发扬光大，而整个陕西全真道也理所当然地唯丘处机马首是瞻。三十九岁的丘处机就要进入人生的新阶段了！

第4章

东归栖霞

丘处机执掌终南祖庵之后，全真道在陕西发展极为迅猛。他多年苦修打磨出来的文字功底，使得诗词清雅，情理交融，令人读之不倦，悠然神往。他的书法亦为一绝。据李志常《长春真人帖跋》载，其书法"笔力劲健，气质浑厚，深得晋人之妙处。……只言片语，时人宝之若良言美玉然"。最重要的是，丘处机极具人格魅力。他十九岁便弃俗入道，三十九岁始出龙门。足足二十年的炼志锻心，让他身上散发着一种和光同尘、怀道抱德、率性虚淡、虚夷寂绝的气质。这种气质和王重阳大为不同。王重阳向来我行我素，放浪形骸，狂放不羁，故有"王害风"之称。而丘处机则谦和自卑、恬静宽容，言谈举止颇有文士之风。据《清和真人北游语录》载，当丘处机每次见到有人犯下过错时，他并不像王重阳对马钰那样"痛下狠手"，而是循循善诱，先宽慰别人说："彼此众生性"，即大家和你一样都难免会犯错，然后他才批评指正。因此，当丘处机下山掌教之后，其教风迥异于当时的一些终日把玩"符箓方术"的宗教教派，赢得了社会中上层人士的青睐，让全真道具有了一种超然尘世、冰雪高贵的品格。连元代著名的诗人，为人刚正不阿，由此而为元世祖忽必烈、裕宗皇太子真金和成宗皇帝铁木

085

耳三代的谏臣王恽亦对全真道评价甚高："弊极则变，于是全真之教兴焉，渊静以明志，德修而道行，翕然从之。"

王处一显神异

在山东，王处一的神异功夫亦是为全真道赢得了社会中下层广大民众的信赖。《金莲正宗记》上记载了王处一三次大喝的事情，极具传奇色彩。第一次是王处一在福山县一带传教的时候。有一天他走到潘山附近，恰好遇到有家人哭哭啼啼，其声悲切，一看原来是要将一名男子下葬。王处一匆忙一瞥该尸身的情状，看到死者面色还略带红润，便知阳气未绝。于是不管众人阻拦，径直走到死者旁边，用手扯住其两耳，低头大喝一声："地府不得收！"神奇的是，此尸身居然应声而起。众人大惊，不敢靠近。直到该男子开口说话，举止饮食一如常人，众人才醒悟到，王处一已将此人从鬼门关硬拉回来。这家人也是又惊又喜，其子破涕而笑，要以重金相谢，王处一微笑拂袖而去，不一会儿就消失在潘山中。

第二次是在宁海传教时有两个凶徒想要加害于王处一。这两人杵着木杖故作亲近，邀请王处一一同饮酒，打算灌醉先生后，用木杖将之捶死。可出人意料的是，酒还未喝到一半，几人还未醺醉，这两位凶徒居然内讧起来，好像有深仇大恨一般，木杖挥舞得呼呼作响，完全是拼尽全力，以命相搏。不到一会儿，其中一人落败下来，负伤而死。围观的民众见此惨状都惊慌失措，不知如何是好。因为依照当时金廷的律法，闹出了人命，事又如此古怪，必要受到牵连，所以众人面面相觑，惊恐不安。正在此时，王处一走到尸首边，大喝一声："东岳不得收！"不到一会儿，这凶徒居然苏醒过来，举止如常，围观的众人心中的一块大石也终于落了下来。

　　第三次是王处一行至济阳县时，有很多人前来告法名。一时鱼龙混杂，拥挤不堪。先生见到其中有人神色有异，便知事有蹊跷。于是端坐下来，等到三鼓敲过，时已三更，先生濡毫落纸写下"贼人"二字，然后对着这二字，连续大喝数声："有贼众皆出门。"话音刚落，便见众人中手执兵器的几人吓得魂飞魄散，惊慌逃窜，不知所往。

　　王处一的神异当然不止这"三喝"，但这"三喝"已经足以让老百姓惊为神人了。神异之事形象直观，口口相传，更是添枝加叶，不到几年，王处一在民间已经被传得神乎其神。以至于在山东，上至白发苍苍的老叟，下至黄发垂髫的孩童，都纷纷前往其草庐全心求法。当然从全真道革新传统道教的角度来看，王处一以神技惊人的做法并不符合王重阳立教的根本精神。正如前文所述，北宋灭亡已经引起很多人对传统道教的神仙方术的怀疑甚至痛恨。若是全真道仍然以神异立足，久而久之必遭人唾弃。所以王重阳才变革神仙观念，把神仙分为五等，而最高层的天仙也不是神通广大，变化多端的神，而是身心合一，心境自由，同于大道的人。识心见性，摒弃情欲，扫落妄念，才是全真而仙。正是在这样的意义上，丘处机以日常人伦之道伺机点化众生，以积功累行之法劝谕门人行善，尽管看似平庸无奇，但却是真正修道之法门。

　　虽然从理论上分析应是如此，但实际上一个教派要在短期内崛起，引起众人的注意，有时候施展一些神异方术也是不得已而为之的事情。对于大多数尚未觉悟的民众，若是缺乏一个唤起兴趣然后由浅入深地引导的过程，而是一开始便劈头盖脸地传授玄之又玄的神妙至理，且没有任何可验证的实际效果，那必定是事倍功半，甚至有失败的可能。王重阳起初在终南传教不畅，就多少与此相关。及其以灵异之事惊人，传教之路才柳暗花明。尽管王处一和丘处机传教路数不同，却正好一前一后，搭配得极为得当。先是王处一以神异吸引大批中下层百姓以造势，后是丘处机以玄机启悟中上层士族以发展，如此全真道才不至于昙花一现。

反观当时的太一教和大道教，前者由萧抱珍于金天眷元年（1138）创立，后者由刘德仁于金皇统二年（1142）所创立，两者都早于全真道，但其发展及其影响都比不上全真道，且均在元末便告中绝。究其原因，就是在神异和玄机的关系上处理不当。太一教第二代祖师萧道熙尽管主张符箓斋醮和玄谈哲理并重，但萧抱珍主要以"太一三元法箓之术"闻名于世，以至于影响过深，给人留下"妖气"的印象，这自然会让人联想到北宋郭京等人奇门遁甲的那些不堪往事，所以时间一长，就被士大夫们瞧不上眼了。至于大道教，虽不尚符箓斋醮，且引儒入道，推崇"苦节危行"，但在玄理上少有阐发，只是强调努力耕作，修治庐舍，守望相助，以至于烟霞之气太少，不似出世化外之人，反倒像是个农民地方组织。它在短期内引起了人们的注意，但等到社会稍一安定，人心趋向更高远的目标时，它就难以适应社会的需要。因此，全真道要在诸多教派的夹缝之中存活并发展起来，必须是玄机与神异两者兼并。而打头阵的就要靠王处一。

金世宗问道

大定二十七年（1187），金世宗完颜雍届时已六十四岁，主政近三十年的他尽管政治昌明，体恤民情，社会稳定，但正如元代史官脱脱所言，金世宗专心政务，"孳孳为治，夜以继日，可谓得为君之道矣"，长期的繁杂政务早已让他精力透支，加之社会太平后，在佞臣宠妃的花言巧语之下，他也渐生倦怠之心，好大喜功，自我陶醉，开始追求安逸享乐。二十多年的克制节俭一旦被打破，结果就是变本加厉的奢侈、多欲。英雄迟暮的金世宗似乎忘记了自己的年龄，终日纵情于声色犬马之中，但毕竟年老体弱，时间一长，金世宗便几乎将自己原本虚弱的身子掏空，据说连自己上朝的力气都没有，必须有两个人搀扶着才能坐到龙椅上。到了这个关头，金世宗总算是闻到了死亡的气息，他幡然醒悟，但为时已晚。而碰巧的是，当时京城卢沟河决口多年无法修复，却在加封河神为平安侯后便水复故道。这令金世宗想到冥冥之中，自有神意，既然感通河神，便可免除多年水患，若自己能够感通天地，那又是何种景象呢？于是他对神仙浮屠之事的兴致越来越浓，对早年颁布的宗教禁令也有所松动，把自己长生延寿的希望寄托在灵丹妙药、方士神仙之上。而在北方以起死回生的神异闻名的就是王处一。于是就在这一年十一月十三日，金世宗宣召王处一进燕京，居天长观，问长生之道。

兴教的道路不是平坦的。王处一眼看着就要被金世宗所重用，可是半路又杀出一伙番僧来。这群番僧也是金世宗厚礼聘请而来，但除了念经打坐，毫无建树。如今见王处一前来觐见，生怕断了自己的财路，于是心生毒计，买通朝中近臣，向金世宗进言道，王处一并非得道之人，可用鸩酒试之。金世宗虽觉不妥，但也默许了。于是王处一在赴召前，预先叫徒弟们凿出一个水池并灌满水。等到召见后，金世宗赐鸩酒三杯，他一一接过，毫不犹豫，一饮而尽，并说："我历尽贫困，曾经乞讨过日，今天有幸见召，可以饱口腹了。"随后在酒宴上面不改色，谈吐自如，金世宗越发对他佩服不已。等到回天长观后，他脱下衣服，泡在凿好的水池之中，不到一会儿，水池上便雾气腾腾，接着更是沸腾起来。原来是王处一用九转还丹的内息之法，将鸩毒从体内逼出来。这一逼，尽管保住了性命，但是也折损了许多精力，只见王处一从水池中走出后，须发尽枯，再也不能戴云冠了。

经过鸩酒试探，金世宗对王处一是深信不疑。于是便真心向他请教长生之道，期望有什么神咒秘诀能够让自己重返青春。然而王处一尽管以神异闻世，但并非斗筲逐利之徒。在大是大非的问题上，王处一向来是秉承王重阳祖师的教诲，绝不以术数方技欺人，这一点从其传诸后世的诗词作品集《云光集》中便可窥得一二。他见金世宗体质虚弱，面色白中泛青，青中带紫，便知他酒色过度，病入膏肓，若不悬崖勒马，大患便在朝夕之间。于是王处一非常中肯地说道："惜精全神，修身之要；端拱无为，治天下之本。"这两句话可谓是言之凿凿，前半句劝导禁欲，后半句劝勉无为。若能身体力行，化外在的见闻之知为内在的境界修为，便可挖掘出无穷宝藏。只可惜金世宗和大多数人一样，对虚无缥缈、惊世骇俗的神怪之说极为热衷，而对平常简易、老生常谈的修身之法却置若罔闻。所以王处一的答案并不能让沉迷欲海中的金世宗满意。当然，王处一的神仙气度已经是无可争辩的事实。于是，金世宗赐给王处一金冠、法服和车子，另敕建全真堂为王处一专用处所，并为全真堂亲题匾额，以示恩宠。但王处一是逍遥自适之人，山岭旷野才是他恣意快慰的乌何有之乡，朝廷的繁文缛节、推杯换盏对他来说，只是羁留性命的缰绳，于是等到次年的清明后五日，王处一总算得到朝廷的回复，得以返还故乡。金世宗在他离去之前又赐予他大批金帛，但王处一没有接受，辞别之后便回到山东。

王处一走了，金世宗尽管对他毕恭毕敬，不惜千金兴修道观，但外在的礼数和功德如果缺乏内在真诚的体认和修炼，又会有什么实际的效果呢？只不过有一点点的心安罢了。一旦这种心理上的慰藉消失，死亡的恐惧又会浮上心头，纠结缠绕，挥之不去。再请王处一也无济于事，那么还能找谁呢？这时女真贵族中流传着另一个全真高道的名字——丘处机。于是，金世宗把眼光投向了终南。而刘蒋村的丘处机早就知道师兄王处一进京面圣的消息，他还曾写诗一首《闻诏去玉阳公戏作》表露心迹："三竿红日自由睡，万顷白云相对闲。只恐虚名动华阙，有妨高枕卧青山。"从这首诗来看，丘处机似乎和王处一一样，对庙堂富贵之事并不羡慕，反而担心朝廷的征召会破坏清静的本心。不过正如诗名所言，是"戏作"，丘处机地处终南，执掌祖庭，自创"有为"与"无为"相即相生之道，在弘教事业上是颇想有一番作为的。所以等到金世宗召他进京时，他也并不推辞，于大定二十八年（1188）二月抵达燕京。

丘处机进京之后，入住天长观，衣裳不改，朴素如常。金世宗此次吸取上次番僧刁难王处一的教训，亲自派人每日前去道观探问，态度极为恳切。来者见到丘处机居京已久却仍然衣着不改，"身上麻袍联百结"，便回去报告金世宗。金世宗立刻派人送来巾冠衫系。二月二十一日，金世宗又下旨令封丘处机为高功法师，主持万春节醮事。万春节是农历的三月初一，是庆祝金世宗诞辰的节日。春有"年"和"岁"的意味，"万春"也就是寓意万寿无疆。这个节日在当时的地位和规格很高。而至于"高功法师"，则与斋醮执事者相关。具体来说执事之职分为高功、都讲、监斋等专司，其中在举行宗教仪式时高座居中，在道士中被认为道功最高，就称之为"高功法师"。所以从这道旨意来看，金世宗对丘处机是极为看重的。

与此同时，金世宗还派人专门营造宫庵，作为丘处机的住所。四月初一，丘处机受命迁居城北宫庵。同一日，四公主与皇妹平章母太夫人等来宫庵拜见丘处机。四公主还亲自向丘处机问道，受教三日。四月初三，金世宗下旨令丘处机主持宫庵，并令他在庵内塑造吕洞宾、王重阳和马钰三人的塑像，供后人瞻仰供奉。这意味着当时的金政府正式确认了全真道的合法性。前前后后如此的郑重其事，甚至在礼遇上比对待王处一实有过之而无不及，也表明金世宗对自己身体的衰颓的恐惧臻于极致，而能够让他脱离苦海的只有化外中人，丘处机是他唯一的希望。

五月十八日，金世宗于避暑之地寿安宫长松岛正式召见丘处机，并向他请教养生之术。丘处机和王处一一样，并没有对之以怪诞之言，而是直言道："寡欲，修身之要；保民，治国之本。"丘处机向他解释："骄奢淫逸是人之常情，但对身体的危害很大。延年益寿之道，就是谨慎小心、少私寡欲。若依照我所说的去践行，就离仙道不远了。至于诞诙幻怪之事，我是不知道的。"丘处机的话语极为真诚，与王处一所言相去不远，两次问道都是如此的结果，这让金世宗不得不开始反省自己近年来的所作所为了。金世宗是仁厚宽大之人，经王处一和丘处机先后点化，他终于反求诸己，正心诚意，抖擞精神，复有当年"小尧舜"之风。他不仅自己收敛身心，而且还让丘处机给当朝重臣大大王宣讲道法。大大王素来景仰丘真人的仙风道骨，所以两人一见，便视为知己，相谈甚欢。之后大大王还带领百官到丘处机所住的城北宫庵亲自求教。

七月十日，金世宗再次召见丘处机。丘处机仍以少私寡欲之言相对，并给予了一些具体修养身心的法门的指导，并献上应制诗词五首。其中一首《瑶台曲》写得极为巧妙："宝运龙飞当四海，群仙降迹时。万机多暇，三灵协赞，不动枪旗。玉楼金殿，广间月台，风榭临池，静无为。泛舟鸣棹，凉箪枰棊。深惟前王创业，太平难遇道难明。会逢天佑，遐荒入贡，玄教开迷，坐垂听。暇伴赤松，谈论希夷，胜驱驰。向人间一度，天外空归。"这首词对金世宗的丰功伟绩赞颂不已，也提出了清静无为的艰辛，还不失时节地点明了金世宗与全真道兴盛的重大关系。金世宗与不少僧道打过交道，但懂得符箓方术的多，通晓文墨音韵的少，如今见得丘处机的文字功夫十分了得，读来清雅不俗，颇惬己意，更是欢喜不已。与之相谈，丘处机句句鞭辟入里，引人深思，不知不觉已至天色昏暗才惊醒，但时候不早，依依不舍地让丘处机辞去。第二天，金世宗又特地派身边近侍以金盘承鲜桃赐予丘处机。而丘处机潜修十三年，早已不食茶果，见得金世宗如此体恤，为报答知遇之恩，才勉强吃了一颗。

八月，丘处机已在京城不知不觉待了半年。这半年，丘处机交结权贵，传道讲经，不但赢得了全真道在政治上的合法地位，而且让统治阶层对全真道的基本教理有所认同和接受，甚至有成为信徒的可能性。如此一来，全真道日后的发展有了较为坚实的保障。赴京的目的基本实现，丘处机便上奏金世宗，请求返还终南。金世宗因有他事，下旨放归，并赐钱十万缗，丘处机上表谢绝而辞。

金世宗问道一事，标志着中央政府对全真道的认可。这是王重阳创教以来，全真道规格最高、影响最大的教事。有了这一标志性事件，全真道之后的传教活动是无往而不利的。这对于丘处机来说，意义极为重大。在此之前，丘处机悟道时间最长，但门下弟子人数却最少，仅有的几个弟子还多为马钰的弟子转投而来。他执掌终南后，尽管在陇西社会中上层颇有影响，但名门望族之中愿意舍身出家的人少之又少，所以在传教上并没有重大的突破。如今金世宗、大大王等权贵对丘处机是青眼相加，京畿的影响力与陇西完全是不可同日而语，有了御赐的冠巾道袍和匾额，纵然只有寥寥数人，但星星之火可以燎原，前途是无比远大的。这极大地提高了丘处机传道的信心。他在离开京城的途中，想到自己的命运从此就要为之一变，也抑制不住自己欣喜不已的心情，大有"春风得意马蹄疾，一日看尽长安花"之志。他趁兴写下《出都》一诗，将自己这种"守得云开见月明"的欢愉得意之情描写得绘声绘色："乍出皇都外，高吟野兴驰。开笼鹦鹉俊，展翼凤凰奇。白马翩翩骤，青山隐隐移。长安一片锦，指日到无疑。"他就是那终于展开翅膀的凤凰，不飞则已，一飞冲天！

此时丘处机信心满满，雄心万丈，在回去的路途上，他就迫不及待地弘扬道法了。他借着金世宗问道之事正闹得如火如荼之机，一路上不断地创建道观，招收门人子弟，加紧扩大全真道的影响。仅在河南盘桓之际，就先后建立了苏门资福观、马坊清真观、孟州岳云观、洛阳长生观等道观。若依此势头发展，不出两年，全真道必成金朝第一教。丘处机的兴教使命也就顺利完成了。

但冥冥之中却另有安排。也许是上天觉得全真道积蓄的力量还不够，也许是觉得丘处机历经种种苦难应有更大的担当和责任。次年正月，当丘处机途经陕州界时，忽然传来金世宗驾崩的哀诏，丘处机感觉一下子从峰顶跌入谷底，自己的满腔热血、雄图伟业想不到转眼间就化为乌有。难道这一切正应了老子所言："将欲废之，必固举之"吗？尽管明白绚烂至极复归于平淡的道理，但丘处机想起金世宗对他的恩情，不由悲从中来，写下哀诗一首："哀诏从天降，悲风到陕来。黄河卷霜雪，白日翳尘埃。自念长松晚，天恩再诏回。金盘赐桃食，厚德实伤哀。"

同受器重的王处一也是哀伤不已。大定二十八年十二月，金世宗卧病在床，身体羸弱不堪，他首先想到的就是精通医术、身具神异的王处一。于是再次宣召王处一，令其快马加鞭速来。王处一向使者打听清楚金世宗的病情后，估计金世宗将不久于人世了，于是对使者说："我恐怕难以再睹天颜了。"不出他所料，大定二十九年正月初三王处一昼夜不息终于赶到燕京时，金世宗已于初二病逝了。两人一日之差，便永诀阴阳，王处一虽知天意不可违，但相遇相知一场，亦是不胜唏嘘，满心遗憾。在燕京主持完悼念金世宗的斋醮大会之后，王处一便返回山东。

禁罢全真辞终南

金世宗去世之后，因太子完颜允恭已于大定二十五年（1185）病死，故由其嫡孙完颜璟即位。完颜璟年方二十二岁，但从小跟随文士完颜匡和徐孝美学习女真语言、女真小字及汉字经书，熟知中原礼仪文化。他继位之初，对全真道仍然是采取相对宽松的宗教政策。他还召见过王重阳早期的弟子刘通微，向他请教内丹修炼等问题。刘通微和王处一、丘处机一样，言谈举止极为质朴真诚，从不以怪力乱神蛊惑君心，金章宗对这种作风也颇为欣赏。和金世宗一样，他对刘通微寄予了较高规格的礼遇，甚至还允许刘通微在京城开堂论道。

但毕竟一朝天子一朝臣，金章宗就在刘通微辞别返乡不久，于明昌元年（1190）正月，下诏"禁自披剃为僧道"。五月规定僧道三年一试，领牒披剃。十一月，金廷索性以"惑众乱民"为由，"禁罢全真及五行、毗卢"，次年十月又禁太一混元受箓私建庵室。在宗教上采取了抑制打压的政策。这里所指的"五行"是当时流行的某种方术教派，"毗卢"则是毗卢舍那佛（亦作毗卢遮那佛）的简称，即大日如来，属佛教中的密宗。"太一"即前文所述的太一教。这些教派在当时都是一些新兴的宗教组织，发展势头都比较迅猛。禁令将全真放在第一位，亦表明当时全真道已蔚为大观。

之所以会发生政策的转向，一方面固然是金世宗早年适度从紧的宗教政策的延续，算是复归正道。另一方面则是当时以全真道为首的新教派，已经渗入中央政权，并与地方大员过从甚密，教派人员逐年增加，规模日趋庞大。若是任由其发展，不排除出现某位宗教领袖极富人格魅力、"振臂一呼，应者云集"的可能。加之朝中权贵浸淫道法已久，且金章宗以皇太孙继承皇位，叔伯们正值壮年，若不严加防范，让他们与全真道相互勾结利用，渐成气候，中央政权便岌岌可危。宗教干政之事在历史上可谓是屡见不鲜。这对刚刚登基且涉世尚浅的金章宗来说，无疑是一种潜在的威胁。所以当在大臣上奏论及全真道"惧其有张角斗米之变"，要求"著令以止绝之"时，金世宗便紧张起来，意识到若继续采取自由放任的宗教政策，全真道将犹如脱缰野马，必不为自己所能掌控。因此，金世宗采取了崇兴儒学、罢黜全真等新教的措施。

而此时在终南传教的丘处机的情况是急转而下。金世宗去世之后，虽无依托之靠山，但其余威尚在，丘处机回到陕西后，门庭若市，多方信徒接踵而至，传教事业有了突飞猛进的发展。尤其是刘通微被召见之后，丘处机之前被浇熄的热血又燃烧起来了。毕竟按照中国儒家的理念，"父在，观其志。父没，观其行。三年无改于父之道，可谓孝矣"。如今金章宗礼遇全真道人，那么全真道还有希望。于是他意气风发，决定留守终南祖庭，将祖师的门楣发扬光大。他还劝东方道友，前来陕西随他修道，他说："天下风光何处好，八水三川，自古长安道。……直至潼关西岳庙，教君廓尔清怀抱。"在他看来，陕西风光秀丽，是修行的最佳处所。但谁也猜不到金章宗会在如此短暂的时间内，彻底改弦易辙。数月前还享受着国教的礼遇，一日间便沦为了"惑民乱众"的邪教。至于丘处机极力推崇的终南，传教的形势也是急剧恶化。朝廷既然明令禁罢全真，那身居祖庵掌教全真的丘处机就不能再继续弘道传法了。陕州官府派人干脆将丘处机逐出祖庵。而据《至元辩伪录》卷三载，"章庙禁断其风，使杨尚书就海州杖断邱公八十，世所共闻"，也就是说，为了禁止全真道发展，朝廷还派专人将丘处机杖打八十。若所载属实，那么丘处机在陕西已经是几无立锥之地了。不过丘处机悟道已久，熟谙兴衰存亡祸福之道，对这些变故也十分达观。"祸兮，福之所倚；福兮，祸之所伏。"万事万物都在流变之中，无非是此一时，彼一时。又何必执着于一时的荣辱呢？他的诗词也透露着这种看淡名利，豁达豪迈的气度，譬如"叹深谋远虑，雄心壮气，无光彩，尽灰槁""念朝生暮死，天长地久，是谁能保？""物换星移人事改，多少翻腾沦落。家给千兵，官封一品，得也无依托"。成者，毁也；毁者，成也。如今虚名浮华散去，不正好高枕卧居青山，享那无边逍遥、自适快慰吗？

此时山东故里正召唤着丘处机。一是丘处机自幼父母早亡，家境贫寒，父母的丧事也只能由乡亲邻里草草安排。此后丘处机孤零漂泊，继而年少出家，一直无法返乡好好修缮父母的坟地。每逢清明重阳，想到父母匆匆入土，都不胜感伤。而在丘处机成名之后，大定二十六年之时，家乡人前来龙门告知，故里的乡亲善士们在清明节来临之际，出钱出力，已将丘处机父母的遗骸从旧坟迁出，一同改葬于大坟墓之中。全真道讲究三教圆融，对儒家的孝道极为看重，门人子弟必读《孝经》，王重阳当年传法有三种人不收，分别是"不孝""不敬"和"不善"，"不孝"是首要标准。丘处机本人也是推崇孝道。他收弟子的重要标准之一就是"慈孝"。他执掌教廷之后，为了克服士大夫们所指责的僧道出家后六亲不认，不仁不孝的问题，还允许道士侍亲、省亲。之后西觐成吉思汗时，他也对成吉思汗说"三千之罪，莫大于不孝"，劝谕其改变蒙古族的风俗，推行孝道。所以，当听闻自己父母的坟地已经重新安排妥当之后，丘处机便已有下山东归祭拜父母、感恩乡亲之意，他曾写道："自恨无由报德，弥加志，笃进玄功，深回向，虔心道友，个个少灾凶。"只是当时祖庭之事急需打理，便只有将东归之事暂且搁置起来。如今既已被金廷驱除，正好将东归的事情重新提上日程。

二是山东的传道环境优于陕西。前有王重阳在山东打下的厚实基础，后有马钰、王处一、刘处玄二十余年的苦心经营，加之山东自古以来就有仙道信仰的文化传统，不论官方如何禁罢全真道，山东传道的群众基础已经非常稳固，难以撼动了。丘处机也说："余观天下形势壮观，自潼关以东，淮水以北，无出登州。"而反观陕西，因为祖庵为全真之源流，是执掌教门必兴之地，所以在官府看来，祖庵就是全真道的标志，是全真道兴衰成败的关键所在。既然金章宗态度已经如此明确，那么严加监控和打压陕西的全真道便是题中应有之义。对如上情况，丘处机非常清楚，他在《避世过盖公岘》一诗中便对陕西和山东作了对比："西海有云波惨淡，东山初日气濛鸿。"

而且在丘处机有意东归之际，山东道友亦数次修书盛情相邀。虽然不得天时，但尚有地利、人和。于是丘处机先派于善庆到石门全真庵与蒲察道渊同住。后让吕道安留守刘蒋村主持祖庵，五年前丘处机正是持诏从吕道安手中接过掌门印。当年马钰东归时，亦是将祖庵暂托付此人。吕道安持重坚忍，经验丰富，是坐镇终南的不二人选。此外还有弟子毕知常辅佐，如此一来，便可保全真道在终南的薪火不至于熄灭。在安排妥当这些事宜之后，明昌二年（1191）四月，丘处机率弟子赵道坚、苏铉、于通清启程东归。十月，到达山东栖霞。

栖霞传道

正是"东边日出西边雨"，陇西传教陷入困境，山东兴道却形势喜人。丘处机这次回到阔别二十多年的家乡，虽然没有腰缠万贯，鸣锣开道，但身份已经全然不同了，此时的丘处机不再是那个吃百家饭、穿百家衣的孤苦小子，而是穿着金世宗御赐的冠服、誉满中原、道术高明的全真掌教。回乡之后，他受到了乡亲们的热烈欢迎，方圆数十里听闻他大名的民众也蜂拥而至、争先恐后地一睹仙人真容。

丘处机略作休整之后，便去坟地祭拜父母。看到由乡亲们出资出力修建的新坟庄严肃穆、开阔整洁，他大为感动，对乡亲们是连连称谢，感激不已。他还为父母举行了一场斋醮，以慰藉父母的在天之灵，表达自己的敬爱之心。随后他又奔赴登州祭拜马钰。马钰和丘处机感情深厚，尤其是王重阳死后，马钰就肩负起管教丘处机的责任，对他是格外关心，死后又以祖庭相托，丘处机想到师兄的疼爱看重，不由感慨万分、泪满衣襟，决意继续师兄在山东的未竟事业，加倍努力光耀祖庭。

于是丘处机以栖霞为基地，开始大力弘教。他在栖霞北部大兴土木，兴建了一座壮丽雄伟的道观。在《磻溪集》的一首诗《修殿伐木》中，丘处机谈到了修建时的情形，他说大殿的梁柱之木采伐于海北。木材砍伐好后，便用木筏装好，然后乘风而归，但不幸木筏遇到了逆风，不得行进，拖延了十几天后才抵达胶东。丘处机心态非常乐观开朗，他写道："海北虽多难，胶东幸少灾。不忧成大厦，已见得良材。"他估计得不错，尽管耽误了一点工夫，但全真道在山东已经有了极好的群众基础，民众们听闻是丘真人修道观，纷纷出钱出力，干劲十足，从开始施工到道观建成，前后也只用了不到一年的时间。建造如此神速，在后世也引发了人们奇妙的想象。据清《栖霞县志》记载，丘处机在误了工期之后，便到江南去伐木，木头伐好了，但路途遥远，运输起来极为不便，丘处机便让工人们把木头直接投到水里，然后木头就自动地在栖霞道观东北角的一口井中涌出。而据清《栖霞县志》记载这口井是真实存在的，被当时的人称为"长春仙井"，是栖霞八景之一。当然这些只是传说，无非是好事者为全真道增添一些神奇色彩罢了。

这座道观便是"滨都宫"，也称为"太虚观"。建成之后，气象雄伟，有"东方道林之冠"的美称。除了大殿为人称道，还有平山堂、竹轩等胜景。丘处机此后便主要在滨都宫中修行，从其生平历程来看，丘处机从 1192 年至 1219 年，前后二十七年都安居于此，是他这一生中待得时间最长的地方。他平时就在滨都宫里传经论道、吟诗作文，夏日暑热，便去蓬莱消暑，自然闲适，过得十分逍遥。读其诗文，这一时期名文佳句俯首皆是，愈发有仙风道骨之境。譬如他在《平山堂》中写道："目视青霄云淡淡，身横碧落性闲闲。"丘处机看到观中青竹萧瑟挺拔，非常喜爱，他在《竹轩》中赞道："直节自非凡草木，虚心真合道生涯。风吹瑟瑟香还冷，雨洗涓涓净更嘉。"

他在蓬莱看海，写下《望海吟》："望洋不见端，弥天自严洁。众流莫浑浊，万古超生灭。"想到古人寻仙海上，也感慨万分，《海上述怀》中吟道："雅志横高节，虚心适大方。……幻化讴千点，浮生梦一场。精神随手变，花木暂时芳。……求仙悲汉武，失道叹秦皇。"

丘处机修道的特点是有为无为并行不悖。所以这一时期，他不但继续在观中清修，海上逍遥，还多次到各地主持斋醮。斋醮自汉以来，就是道教重要的祭典仪式。醮的种类很多，有祈求或感谢神灵庇佑的"清醮"；有庆祝建筑落成的"庆成醮"；有祭拜瘟神的"瘟醮"；还有超度亡灵的"水醮""火醮"等。这些种类基本上涵盖了百姓日常生活中所遇到的一切大事。此外，斋醮还衍生出一些民间习俗和地方艺术形式，尤其是一些大型的斋醮，由于每年定期举行，亦成了地方上的重要节日。所以历来道教都非常重视斋醮，它既是沟通神与人之间的桥梁，也是联系教派与民众的重要纽带。特别是金元之际，兵荒马乱，苦难重重，灾害连连，斋醮更是成为民众强烈需要的一种心理慰藉。因此，丘处机不失时机，也不辞辛劳地四处斋醮，极力为全真道扩大影响。他曾在凌晨登山赴蓬莱举行醮典，还冒着"山阴积雪寒铺地，海上层冰冻接天"的严寒，奔赴潍州北海醮，随之他的醮典越来越有名气，在昌阳举行黄箓醮时，曾有上千人参加。而明昌五年（1194）秋，丘处机在福山县主持黄箓醮时，还发生了神异事件。据丘处机所写的《福山县黄箓醮感应并序》记载，那天斋醮进行到午后，正要传符受戒之时，突然有十一只仙鹤从远处飞来，盘旋翱翔在祭坛上空，一直到黄昏时分，仙鹤才散去。第二天继续斋醮的时候，突然听到天空如雷鸣般隆隆震响，抬头望见北方红光四溢，好像地上点起了烛火一样，看得极为清楚。于是众人欢呼雀跃，认为是"下士倾心开地府，高真威力动天关"，即丘真人的道法神异、威力惊人，打开了天关。这一次神奇感应更是让众人对丘处机敬佩不已。

丘处机在栖霞也延续了在磻溪龙门时结交权贵的做法。他与定海军节度使刘师鲁交往密切。在《磻溪集》里亦收录了一首题为《定海军节度使致政刘师鲁挈其子见访于栖霞太虚观》的诗。其中写到两人交谈之后顿有所悟，"山堂尽日萧然坐，似觉浮生梦且轻"。丘处机之后还登门于刘师鲁府上，两人关系极为融洽。此外，蓬莱节度使邹应人到中年，郁郁不得志，丘处机也作诗为他开解点化，说："行藏未出阴阳数，夙夜难逃变化机。异日挂冠须在早，莫教林下有人讥。"

这一时期，金廷对全真道的政策也逐渐发生了变化。金章宗初登基时，因见全真道"山林城市，庐舍相望，什佰为隅，甲乙授受，牢不可破"，惧其有张角斗米之变，曾于明昌元年十一月下令禁罢全真等新兴教派。但不巧的是，命令下达不久，就接二连三地出现了问题。首先是天灾。明昌三年，北方大旱，颗粒无收。明昌四、五年黄河连续决口，洪水泛滥，地处黄河下游的山东受灾程度极为惨烈。洪水冲毁了无数的村落，又造成大面积的饥荒，夺走了无数的生命。洪水过后，又是瘟疫横行，死去的民众尸骨还来不及掩埋，又一批百姓在饥饿和病痛中倒地而亡，真是哀鸿遍野、惨绝人寰。明昌六年部分将相大臣因对全真一门颇有好感，而在禁令执行上有所保留，故终南祖庭在禁罢后仍然井井有条，灾害后香火尤胜从前。金廷知晓后，干脆将吕道安、毕知常赶出门外，没收祖庵。至此全真道遭到传教以来最沉重的打击。而第二年北方又再次出现大旱，河道干涸，井水枯竭，烈日当头，在田间看去，还来不及出苗的庄稼就已枯死在地，不少地区饿殍遍野，

102

又上演了一幕幕易子而食的人间惨剧。丘处机也感叹道："暴恶相侵不暂停，循环受苦知何极。"天灾爆发的频率如此之高，实在让人们匪夷所思。而这一切又恰好发生在禁罢全真之后，难道这两者真的存在说不清道不明的神秘关联？天灾摆在眼前，群情激愤不已，金章宗也不得不重新思考自己的宗教政策是否得当。

其次是外患。女真人骁勇善战，尤精骑射，以此夺得半壁江山。但在金国北疆，还有其他的游牧民族一样精于此道。其中就有一支队伍从金建国开始，就一直伺机而动，抢掠或攻打金国。他们就是鞑靼部族。他们人数众多，仅塔塔儿一部就有七万多人，民风彪悍，与女真人相较，更为野蛮，一言不合，便刀来剑往。早在金熙宗主政（1135~1149）之际，就想平定鞑靼。但即使让宗弼（金兀术）为帅，且率领其在中原调教的八万神臂弓手，积极谋划，北伐鞑靼，也落得个"连年不能克"的下场，最后不堪其扰，只有"分兵据守要害"。后来金熙宗还派官员前往鞑靼议和，约定"割西平河以北，二十七围寨与之，岁遗牛羊米豆"，才换来短暂平安。时至金章宗，金廷已在中原安居半个多世纪了，由盛而衰的现象已经是触目皆是了。金世宗时便已开始偃武修文，学习中原礼乐文化。至金章宗时，女真贵族已经对汉族文化极为熟稔，对中原的生活方式更是乐在其中。金章宗雅好诗词文学，且写得一手好字。非常凑巧的是，他的字和北宋亡国之君宋徽宗赵佶的"瘦金体"极为相似。尽管登基之初，他任人唯贤，政治清明，文治灿然，在史上有"明昌之治"之称，但军事能力却日益低下，曾以骑射令敌人闻风丧胆的女真人，却已有不少连翻身上马的能力都没有了。早在大定年间，北方就流传着这样的民谣："鞑靼来，鞑靼去，赶得官家没去处。"如今金章宗的兵力如此羸弱，鞑靼部族当然不会错过如此良机，抢掠夺城变得更加频繁。

　　天灾不断，百姓流离失所；外族侵扰，章宗束手无策。为了安抚百姓，亦为了解决财政危机，金章宗开始在宗教上动脑筋。先是不断地设斋醮向上天祈求风调雨顺，后则是逐渐放宽宗教政策。承安元年（1196）六月下令长老、大师、大德不限年甲，长老、大师许度弟子三人，大德二人，戒僧年四十以上者度一人。而大定十五年有官方度牒登记在册的长老，年满六十以上并令戒，仍不许度弟子。承安二年四月，尚书省上奏："比岁北边调度颇多，请降僧道空名度牒、紫褐师德号以助军储。"金章宗从之。丘处机留守终南石门的弟子蒲察道渊便抓住机会，派人到礼部送钱，买下了全真堂玉清观的观额，开始大兴土木，修建道观。至此，明昌年间所颁布的对全真道的一系列禁令也就形同虚设了，金章宗对全真道的态度也发生了转变。这一年金廷允许全真道在山东登州、莱州及陕西终南等地重建道观九所，并赐观额。之前被赶出祖庵的毕知常也正好找到了丘处机。师徒一见，恰逢云开月明，好不高兴。丘处机将所有积蓄托付给毕知常，又指示他多方筹资，准备重建祖庵。

　　当然，除了内忧外患之外，让金世章对全真道发生如此大的转变还有其他原因。这就是在承安二年二月，他召见了曾经举行过悼念金世宗斋醮仪式的王处一。王处一在重归山东之后，仍然是神异惊人，尤其是为众人斋醮祈雨，极为灵验。处在内外交困中的金章宗用尽心思，却徒劳无功，他想起之前召见过的全真道人刘通微，应答自如，朴实真诚，如今岌岌可危，何不见一见道术更高明的王处一呢？于是金章宗下旨召见王处一，向他请教《清静经》和北征之事。《清静经》全称《太上老君说常清静经》，据说是三国时葛玄受之于东华帝君，文辞简约，只有四百零一字，是道教徒静心清神、遣欲入静、得性悟道的常诵之经。王处一借解答经文疑难之机，向金章宗比较全面地介绍了全真师承和教义。金章宗原本就耽溺于中原文化，如今听得高道当面解说，兴致更浓，一直听到天色暗淡下来，方让王处一回观休息。这次交谈让金章宗对全真道有了比较清楚的认识，虽然金章宗没有像之前的金世宗那样非常推崇全真道，但起码消除了金章宗的戒心。由此，全真道才得以在终南重获新生。

此后，金章宗又三次召见王处一问道，并赐王处一金冠紫衣和"体玄大师"的称号。又差近侍传旨赐崇福、修真二观，任便坐住，每月给斋钱二百贯。当时仍然留守祖庭的吕道安想重建祖庵，但苦于没有官方的敕额，不敢集众。王处一便派人召吕道安到京师，奏请金章宗敕额立祖庵为"灵虚观"。这时毕知常也从山东赶到了京师。金章宗赐吕道安为冲虚大师，掌敕牒，主领观事；赐毕知常为通真大师，为副观领协助吕道安。终南祖庭几经波折，终于得到官方认可。这年冬天，金章宗又召见了刘处玄问道。据《金莲止宗记》载："鹤板蒲轮，接于紫宸，待如上宾。"可见金章宗的态度颇为恭敬。金章宗向他求问至道之要，刘处玄答道："寡嗜欲则身安，薄赋敛则国泰。"金章宗非常欣赏，"赐以琳宫，名曰修真"，让他在修真观安住。一时前来拜访求法的官僚士庶各界人士络绎不绝，以至于门外堆放的鞋子没有哪一刻不是满满的。次年三月刘处玄请求还山，金章宗又赐灵虚、太微、龙翔、集仙、妙真五观额，并嘱咐"立观度人"。而终南祖庭灵虚观又买了数十观额及数百度牒。如此一来，全真道终于走出阴霾，不但获得了官方认可的合法地位，而且祖庭在陕西迅速振兴。

比较尴尬的是，王重阳死前看好，马钰终前托付祖庵的丘

105

处机几年来都没有被金章宗征召。或许是丘处机的中上层传教路线仍然让金章宗放心不下，又或许是丘处机在屡降天灾时写下的诗文批逆龙鳞，如他曾说："今之曷故多灾障，盖为人心胡纵放"，就是统治者胡作非为所致。他还丝毫不留情面地批评统治者"美食鲜衣器用华，狂朋怪侣邪淫王""迤逦不能廉度日，因循直致旱经年""皇天后土皆有神，见死不救知何因?"作为在全国颇有影响的全真道之掌教，朝廷必会派人留意丘处机的言行。若金章宗真对丘处机的这些诗词有所耳闻，那么不征召也是自然的了。与对丘处机的冷淡相比，金章宗对王处一是念念不忘。王处一在归乡尽孝之后，金章宗先后于泰和元年（1201）和泰和三年两次下诏让王处一赴亳州太清宫设普天大醮。这两次大醮规模浩大，共度民为道士千余人。而泰和三年刘处玄以五十七之龄仙化，全真七子只剩下王处一、郝大通、丘处机三人，尽管郝大通开华山派，在严格意义上已不属于全真一系。但即便如此，丘处机也没能顶替刘处玄，而只能在栖霞一边度化世人，斋醮祈福，一边审视天下，以待时机。

泰和七年，金章宗宠爱的李元妃对道术颇有兴趣，将两部《道藏》中的一部赐给王处一，一部赐给丘处机。金章宗见爱妃如此，为讨佳人欢心，又赐名丘处机所居的滨都宫为"太虚观"，这两者意义都非比寻常。李元妃所赐予的《道藏》全名为《大金玄都宝藏》，由金世宗着手编修，至金章宗明昌二年（1191）才纂集刻版完成，共六千四百五十五卷，六百零二帙。如此浩大的工程，可见金廷对道教的重视。而将极为宝贵的《道藏》赐予丘处机，说明金廷对丘处机在道学上的修为是持肯定和尊崇态度的。至于金章宗亲赐观名，则表明在山东苦心经营了十五年的丘处机和私自筑建的道观终于得到了官方的认可。

至此，丘处机终于可以正大光明地在山东传道说法。虽然没有受到统治者的召见，但丘处机久居山东，济贫拔苦，救死扶伤，其影响已由量变转化为质变，俨然成为民众心目中救苦救难的"神仙"，以至于之后成吉思汗问道时，都尊称丘处机为"神仙"。而他的弟子也以丘处机为楷模，纷纷以济世救民为己任，为全真道树立了良好的形象。如李志常在山东贼寇纷乱之际，曾与百姓们一起在山上避难。他们在山上找到一个能够容纳数百人的洞窟，每次贼寇烧杀掳掠时，便躲在洞中。有一天贼寇不期而至，李志常在上山的路途中落在了众人后面，等赶到洞窟时，众人害怕被贼寇发现，便将李志常拒之洞外。于是贼寇就将其抓获。被抓后，贼寇逼问李志常众人的下落，他一言不发。贼寇激怒，将李志常几乎毒打至死，但他仍然不出一声。等到贼人散去，众人从洞中出来，对李志常以德报怨之行感激不尽。还有潘德冲乐善好施，他主持的道观常年借粮给老百姓度日。有一年，恰逢天灾人祸，庄稼歉收，观里的道人们也衣食不足，都要他找老百姓把借出去的粮食收回来。潘德冲却说："岁荒人饥，这时候把老百姓的粮食夺过来给自己，难道仁人用心会如此吗？"欠粮食的老百姓听闻后都感激万分。而等到日后风调雨顺，每逢观中有重大活动，老百姓都献香油以为报。这样的事情不胜枚举，丘处机和他的门人在国家纷乱之际发挥了宗教稳定人心、抚慰心灵的重要作用。

同时他广开教门，培养了一批优秀的道学人才。尤其需要指出的是，全真七子尽管都自立门户，即丘处机的龙门派、刘处玄的随山派、郝大通的华山派、王处一的昆山派，但门派与门派之间十分融洽，在门派之间比较敏感的师徒关系上采取的是自由放任的态度，没有严格的清规戒律，弟子可以辗转投师。丘处机在处理师徒关系上，亦毫无门户之见，对师兄弟门下转投过来的弟子和自己收取的弟子均一视同仁，倾囊相授。如对后世颇有影响的毕知常是马钰东归时留下的弟子；承担续修《道藏》重任的宋德方是刘处玄和王处一共同的弟了；之后成为全真掌教的尹志平则是马钰、刘处玄、王处一、郝大通和丘处机共同的弟子。丘处机这种博大的胸怀使得弟子们不拘一家之见，博采众家之长，真正做到了对全真道思想的继承和发展。而在之后丘处机西觐成吉思汗时，更形成了"十八宗师"随行的庞大规模。这十八人学道精深，各有所长，从而为全真道的后续发展打下了良好的基础。

所谓"十年磨一剑"，丘处机十九岁便弃俗出家，精研道法数十年，虽东归栖霞后声名不如王处一显赫，但在广结善缘、广开教门上，却是无人能及的。这期间的起起落落对丘处机来说，都是"梦幻泡影""如露如电"，唯一真实的便是一颗诚挚的修道之心。而世间名利的浮浮沉沉，都是"苦其心志""劳其筋骨"以承接"天将降大任"的必经之路，伟大的功绩就在前方，让丘处机及全真道大放光辉的机会就要到来了！

第5章

大漠西行

风云突变

　　历史的发展往往有惊人的相似。离北宋灭亡还未到八十年，金廷便已经开始重蹈覆辙。金章宗虽有"明昌之治"的美称，但从宏观历史的角度来看，他那几年的励精图治只是回光返照。金章宗抑制宗教，却引来大灾人祸，饿殍遍地，怨声载道；他醉心文化，却极好奢侈浮夸，广修宫室，劳民伤财；他提拔士人，却疏于行军战法，终致佞臣当道，外戚专权。种种因素合在一起，加之金章宗继前人之弊，金朝日趋衰颓。金章宗，这位"金朝文化水平最高者"，虽对衰败之象有所察觉，但似乎有心无力，只好任由他去。之前在赐予王处一《道藏》时，格外关照丘处机的李元妃就是他的宠妃。李元妃出身卑微，但姿色出众，甚得章宗欢心。章宗在原配蒲查氏死后，一直没有立后。但对李元妃情有独钟，执意要立她为后，虽未遂愿，但为此罢免了不少大臣，使得有志之士心灰意冷。李元妃得宠后，其兄弟喜儿、帖弟亦官至极位。后虽有监察御史宗端修直谏，章宗亦只是训斥喜儿兄弟，不敢罢免官职。

朝政腐败必然导致民间疾苦。金章宗为解决国库空虚问题，除了出售度牒和观额，还滥发交钞与宝货。到泰和三年（1203），通货膨胀已经到了触目惊心的地步，据《元史·耶律楚材传》载，"至以万贯唯易一饼，民力困竭，国用匮乏"，腰缠万贯却只能换得一饼，真是天大的讽刺。至于地方官僚更是上行下效，变本加厉。那些曾经征战沙场的猛安谋克贵族，如今承平日久，开始全面效仿汉族地主生活。一方面横征暴敛，强占土地，欺压百姓；另一方面漫无军纪，争趋文墨，狎妓闲游。安定太平的生活让这些贵族的身体日渐赢弱，往日的勇猛刚强如今在夜夜笙歌、红颜香衾的长期熏陶之下，已经化为绕指柔。就连偏安一隅的南宋也觉得金朝内忧外患，北伐的时机指日可待。于是在泰和四年，韩侂胄追封岳飞为鄂王，为韩世忠建庙，追夺秦桧的爵位，还召见了六十四岁的抗金老将辛弃疾。在做好动员工作后，开禧二年宋宁宗下诏北伐。但始料未及的是，韩侂胄计划过于明显，使金人早有准备。开战后进军过于轻率，且用人不当，终致北伐失败，而韩侂胄也因宋宁宗求和心切，被史弥远所杀，首级亦被送至金朝。嘉定元年（1208）三月，宋金达成《嘉定和议》，改金宋叔侄关系为伯侄关系，岁币由每年银二十万两、绢二十万匹各增十万，并一次性付给金"犒军费"三百万贯钱。这次宋金之战，尽管以金军胜利告终，但历时一年多，耗费兵力十余万，是一场得不偿失的胜利。更严重的是，这种战争已经将金朝的军事力量的牵制匮乏、作战能力的急剧下滑完全暴露出来。在金章宗得胜之后的扬扬自得背后，已经有一只巨狼正在悄悄逼近。所谓"螳螂扑蝉，黄雀在后"，金宋酣战之时，都忽略了崛起的强者——成吉思汗！

尽管此时的丘处机还未见过草原的王者，但他对金朝的衰亡已经有了极为清醒的认识。金章宗在泰和七年赐名"太虚观"，他宠辱不惊，逍遥自适。次年金章宗病死，年仅四十一岁，与此前金世宗去世时的如丧考妣相比，丘处机显得十分冷静。继任的完颜永济是金章宗的叔叔。在宦官李新喜、平章政事完颜匡等人操控下，完颜永济被拥立为帝，是为卫绍王。他是公认的软弱无能之辈，不善用人，忠奸不分，他能成为一国之君，本身就说明金廷的政治腐败已是病入膏肓；如今由他主政，更令朝政愈发混乱，国力渐趋衰颓。不过他对全真道仍然是非常看重，多次邀请王处一主持斋醮。丘处机虽未受召，但也乐得置身事外，一心在山东传教。

　　在宋金渐趋衰亡之际，成吉思汗已经悄然崛起。前文所述塔塔儿部常常肆意侵扰金朝北疆，至金章宗时索性叛金自立。承安元年（1196），金章宗派完颜襄统兵讨伐，在铁木真和克烈部首领脱里汗的配合下，完颜襄终于击败了塔塔儿部。而铁木真因征战有功，被金朝封为"札兀惕忽里"，即部落官，威望大增；又因掳获大批军马粮草，铁木真的部族有了充足的军事储备，实力大有提升。泰和元年，铁木真再次联合脱里汗，击败札木合等十二部联军。次年，铁木真屠戮了残余塔塔儿部族，将多名塔塔儿士兵下锅油炸，手段极为残忍，震骇蒙古诸部族。泰和三年脱里汗见铁木真势力逐渐壮大，势必危及自己的霸主地位。于是假意联姻，暗中埋伏兵马，欲置铁木真于死地。后被铁木真得悉，双方脸面撕破，大战一场，史称"合兰真沙陀之战"。铁木真寡不敌众，大败而逃，军队仅存四千六百余人。退至克鲁伦河下游南面的班朱泥河时，跟随他的军士只剩下十九人，但惨烈的失败只是为铁木真日后的胜利增加了筹码而已。他们剥野马皮为锅，击石取火，以河水煮马肉充饥，齐心协力渡过难关。而战胜的脱里汗日益骄横自大，先是内部出现分裂，后又率军攻打金朝，结果损失惨重，铁木真于是趁机率兵突袭脱里汗驻地，三日大败克烈部。铁木真收编克烈部残余部众，成为草原上数一数二的霸主。

泰和四年蒙古草原还剩下一个大部族——乃蛮部。在克烈部覆灭后，草原上被铁木真打败的各部贵族几乎都集合到乃蛮部首领太阳汗周围。太阳汗为人贪婪昏聩，如今见得大小部族都以自己为马首是瞻，俨然为草原盟主，不由沾沾自喜，于是意图依仗庞大兵力，一举击溃铁木真。但铁木真身经百战，此时更是手下名将云集，有"四骏"（博尔忽、博尔术、木华黎、赤老温）、"四狗"（速不台、哲别、者勒蔑、忽必来）之称。等到两军交战，兵刃相接，太阳汗不堪一击，节节败退，终致乃蛮部灭亡。随后草原上的其他小部族都闻风丧胆，相继被铁木真征服。泰和六年，铁木真统一蒙古各部。来年春，蒙古贵族们于斡难河的源头召开大会，尊铁木真为"成吉思汗"，"成吉思"在蒙古语中为海洋，"汗"即为君主，两者合在一起，有伟大的君王之意。铁木真正式成为大蒙古国皇帝。

一统草原的成吉思汗，为了清除克烈部等部族的残余势力，先后多次入侵西夏。在征战的过程中，有饱受金人压迫的契丹人、汉人归附蒙古，向成吉思汗陈述了金朝祸起萧墙，荒淫无能的情况，又有来往山东、河北的回鹘商人向他描绘了中原美丽富饶的情况，成吉思汗便有灭金之志。而在泰和七年前后，当时还是卫王的完颜永济曾出使蒙古催缴进贡，他与成吉思汗有过数面之缘，完颜永济留给成吉思汗的印象是窝窝囊囊、碌碌无能。等到大安元年（1209）完颜永济继承皇位，成吉思汗的灭金之心变得更加坚定。他说："我以为中原的皇帝是天上的人做的，想不到这样碌碌无能之辈也能做。"但此时成吉思汗仍在侵攻西夏，所以还不能发动对金战争。而极为凑巧的是，当年的宋徽宗将北方的辽国几乎拱手相让给金国；而如今的卫绍王同样意识不到西夏跟金国是唇亡齿寒的关系，对西夏的求援坐视不理。终于在大安二年，西夏向蒙古称臣，保证以后支持蒙古军事行动，西夏皇帝夏襄宗还将察合公主嫁给成吉思汗。既然已把金国的西北屏障纳入自己的版图，解除了前后夹击之忧，成吉思汗知道进军金国的时机已到。于是他断绝了与金朝的朝贡关系，于次年二月，亲率十万大军挥鞭南下。

成吉思汗不愧是一代枭雄，所到之处，势如破竹。野狐岭之战以少胜多，消灭金军主力三十万。九月，过居庸关，逼近中都。十二月，蒙古军围攻中都，卫绍王顽强防守，终于保住了中都。蒙古军撤去后便向周边进攻。当时身处山东的丘处机，眼看蒙古大军将至，心中十分着急，茫茫苍生已经不堪暴政，若是再平添战乱之苦，这人间何异于地狱！为了避免战乱，丘处机亲赴京城，打算向卫绍王进诗劝谏。但他还未见到卫绍王，军情就已突变：一方面蒙古军已陆续攻破河北、河东北路和山东各州县；另一方面，于至宁元年（1213）八月，蒙古军再次逼近中都时，金军右副元帅胡沙虎起兵叛乱，弑卫绍王，改元贞祐。面对如此情况，丘处机虽满怀救国救民理想，但毕竟凭一己之力不可能扭转乾坤，也只有怅然而归。

贞祐元年九月金宣宗完颜珣登基。次年蒙古军又破九十余郡，金廷危在旦夕。三月金宣宗遣使向蒙古求和，送上大量黄金、丝绸、马匹，并将卫绍王之女歧国公主送给成吉思汗为妻。至此，成吉思汗大胜而归，率蒙古军陆续退出山东、河北。而在这个时候，饱受多重压迫的百姓已经出离愤怒，纷纷趁机揭竿而起。其中闹得沸沸扬扬的就有丘处机久居的山东登州、宁海州。金宣宗大怒，派遣统军安抚使仆散安贞，前往山东平定起义。仆散安贞无意屠戮百姓，又见叛乱百姓多为全真道信徒，于是求助于丘处机。丘处机审时度势，知道金廷虽然损伤惨重，但对付百姓仍然是绰绰有余。且起义百姓势单力薄，若负隅顽抗，最后必遭杀戮之苦，于是答应了仆散安贞的请求。丘处机凭借全真道掌教的身份，率弟子门人到登宁两州治病送药，斋醮祈福，设坛安魂。在丘处机的抚慰下，百姓胸中的戾气逐渐消弭，起义队伍也自然散去了。虽然后世有学者批评丘处机登宁抚民之举是为虎作伥，但若跳出阶级分析的观点，我们可以看到，丘处机的所作所为并非是为维系金廷统治，而是他一贯悲天悯人、济世为怀、积善成仙的有为之道的体现。

贞祐议和后，蒙古军虽然渐而远去，但经过此次大战的金宣宗仍然心有余悸。尤其是想起围困中都的日子，金宣宗都不寒而栗。为了逃避蒙古的威胁，金宣宗在贞祐二年六月底作出了一个极为荒谬愚蠢的决定：放弃中都，迁都至北宋的亡国之城汴京。成吉思汗得知后，立刻下令入侵中都。次年五月，蒙古军占领中都。与此同时，契丹人耶律留哥趁机攻占东京（今辽宁辽阳），随后归附蒙古。而奉命在辽东讨伐耶律留哥的金臣蒲鲜万奴见金廷迁都汴京，便在辽东叛金自立，国号"大真"。贞祐三年蒲鲜万奴降伏于蒙古。河北、山东的百姓也伺机而动，起义军风起云涌，少则数万，多则十几万人，金廷虽竭力剿讨，但基本上是无功而返。至此，金廷在南迁之后，真正能够掌控的区域只剩下河南、陕西两地。

金宣宗原本打算迁都避难，没想到反引得劫难重重。连七年前被金兵打得落荒而逃的南宋都认为金朝已经江河日下，自身难保。于是不再向金朝进贡。如此一来，金朝的财政更是捉襟见肘，政府各方面的活动都难以为继。迁都一举真可谓是

"一着不慎，满盘皆输"。为了挽救奄奄一息的金朝，金宣宗把目光投向了南宋。因为自金宋两国交兵以来，宋国几乎是屡战屡败，完全是一头任人宰割的羔羊。若是侵入南宋，小则可逼使南宋继续进贡；大则可将版图南移，以富庶的江南为基地，重整旗鼓。于是兴定元年（1217）金宣宗起兵伐宋。但出乎他意料的是，征服南宋并非此前想象的那么容易。虽然南宋朝政混乱，软弱无能，但金朝亦是行将就木，腐朽不堪。加之金朝背后还有此起彼伏的义军牵制，这场战争越打越难。第二年成吉思汗的大将木华黎又从金军后方突击，接连攻占太原、平阳、潞州等地，到了十二月，金廷腹背受敌，竟然作出了向南宋求和的决定，可笑的是，这一要求还被南宋拒绝了。兴定三年金军发动最后一次大规模攻击——"枣阳之战"。结果南宋军民奋力顽抗，击败了完颜讹可的大军，并歼敌三万，使得金兵元气大伤。

　　这一时期山东早已失去了往日的安宁，既是蒙、金、宋三家必争之地，又是起义军和土豪武装聚集的地区。百姓的苦难臻于极致，但又无法掌控自己的命运，面对浩瀚的苍穹，无边的苦海，只能感觉到自己的微不足道和空乏无力。对现实的绝望往往产生出世的幻想。一直笃行救苦救难的全真道于是理所当然地成为人们最后的庇护所。不到几年，全真道徒的人数暴增。丘处机和弟子们于是利用之前金廷赐予的土地，开垦田地，勤于耕种，争取能让更多的百姓存活下来。而郝大通、王处一又先后于崇庆元年（1212）、兴定元年（1217）逝去，全真七子仅余丘处机一人。他虽有济世救民之心，但一己之力于纷乱之世，无异于杯水车薪。他不由感叹道："沴（lì）气时时作，穷民日日多。静观无以救，长叹复如何！"如何引领全真道走出纷乱，庇佑天下苍生成为丘处机必须用心思考的首要问题。

此时金廷和南宋为了安定人心，稳定时局，也想到了丘处机。贞祐三年（1215），金宣宗派东平监军王庭玉持诏来请丘处机至汴京。此时的丘处机已经年近古稀，早已洞悉金廷的腐败无能，加之近来金军节节败退，他知道金廷的气数将尽，指望逃窜汴京的金宣宗力挽狂澜，救万民于水火绝无可能，于是婉言谢绝了金宣宗的邀请，他说："我循天理而行，天使行处无敢违也。"言下之意，就是赴京有违天意，不能前往。兴定二年丘处机由栖霞太虚观迁往莱州昊天观。次年四月，金河南提控边鄙使特意登门拜访丘处机，邀他同行，丘处机以诗颂相赠，婉言谢绝。金宣宗不甘心，又派出使者从大梁来请丘处机。但此时金元帅张林已带山东十二郡归附南宋，并上表说："举七十城之全齐，归三百年之旧主。"山东已纳入南宋的统治范围。所以金使者只能半路而归。

兴定三年，南宋朝廷派李全与彭义斌至莱州昊天观见丘处机，邀请他南下。南宋素来重道教，且是汉人政权，不少人都认为丘处机会欣然前往。但出人意料的是，丘处机谢绝了宋宁宗的好意。此后，南宋、金朝仍然派人前来邀请，但丘处机都一概拒绝。众人都疑惑不解，莱州地方官也好生为难，只好去问丘处机的真实想法，丘处机答道："我之行止，天也；非若辈所及知。当有留不住时，去也。"和之前拒绝金宣宗的理由几乎是如出一辙。那么这个神秘的天意是什么呢？

成吉思汗传召问道

要理解丘处机所说的天意，不妨从他的理想入手。人活在世间总是有自己的目的。丘处机也不例外。只不过有的人一辈子糊糊涂涂，被一个个短期的目的所牵引，最后坠入人生的迷宫，找不到自己来时的路。丘处机则不同，他对自己及其理想有着极为清醒的认识。他在别人爱慕少艾的年纪，便舍身出家，平时不是苦心修炼，便是传道说法，这几乎就是他生活的全部。世俗人贪恋酒色财气，荣华富贵。丘处机则早已勘破贪爱。曾有人问丘处机："欲辞家学道，奈何缘未了，功名未成，再迟数年如何？"丘处机答道："子欲嗣吾宗，名利二字须要看淡。欲问道，宰相之位可辞。"他认为，贪恋名利，忙碌一世，"纵你英雄官极品"，最后也只不过是"丘原一旦，总伴狐狸"。

对于丘处机而言，真正应该孜孜以求的有三件事：一则是修真悟道。这一点他经历了磻溪龙门十三年苦修，已经炼就了一颗"水晶塔子"般的真心。二则是大起尘劳，光耀门楣，振兴全真。经过王重阳和全真七子的共同努力，全真道已经从一个无人知晓、私度门人的小教门变成了屡受皇室征召册封的大教派。丘处机若在金、宋诚邀之际，撒手而去，他也丝毫无愧于驾鹤西去的重阳祖师。但他一再拒绝金、宋两国的邀请，则是出于第三个理想：庇佑世人，共享太平。全真道尽管是一个新兴道教宗教组织，但是它和中国传统的儒、佛两家一样，都有一种既超越又内在的特点。儒家教导个人要自强不息，存心养性，但不止于独善其身，兼济天下，走向大同才是根本目标。佛家强调个人要明心见性，破执扫相，但不屑于当自了汉，要觉我，亦要觉他，"地狱不空，誓不成佛"才是菩萨的胸怀。作为新道教，全真道一方面强调"三教平等"，另一方面亦着重"三教圆融"，吸纳了儒佛的救世精神。丘处机自己更坚持"无为即有为"的创见，因此，在他心目中，全真道之归旨并非是谋得一教之私利，而是要承担恤民保众的基本使命。那么环顾天下，谁能够平息干戈，一统天下呢？金宣宗治国无方，宋宁宗有心无力，数年金宋相争，更是损伤惨重。宋金在鼎盛之际尚不能一统天下，何况如今还多了一个坐收渔翁之利的蒙古大军！若是轻言应邀，等到蒙古大军屠戮中原，全真道自身尚且难保，又何谈庇佑天下苍生！这一点，丘处机在日后写给成吉思汗的陈情文表上解释得十分清楚："前者南京及宋国屡召不从，今者龙庭一呼而至，何也？伏闻皇帝天赐智勇，今古绝伦，道协威灵，华夷率服。是故便欲投山窜海，不忍相违。"

当然，如果脱离了对丘处机理念的根本认识，纯粹从世俗功利的眼光打量，我们也很容易得出丘处机是一个"道心"并不重而政治意识很强的人，是攀附权贵，趋炎附势之徒；至于全真道，既然参与到红尘俗世，那就是失去清净寡欲的本性，走上了更堕落和没落的道路。持这种观点的当代学者不乏其人。但若仔细分析丘处机西觐成吉思汗的结果，也不难看出这种观点实有"以小人之心度君子之腹"的嫌疑。不过，首先还是要从成吉思汗派使者持诏书征召丘处机说起。

据说有一次，年过五旬的成吉思汗在额尔齐斯河畔散步，河面光洁如镜，蓝天白云倒映在河中，极为秀丽。成吉思汗忍不住走到河边仔细欣赏起来。可是他看到了从水中倒映的自己已不是当年雄姿英发的少年郎了，只见两鬓斑白，垂垂老矣，常年的征战和享乐已经让面部失去了神采，纵横交错的皱纹就好比他所占据的版图一般。成吉思汗壮年时的豪言壮语仿佛还回荡在耳际："男人最大之乐事，在于压服乱众，战胜敌人，夺取其所有的一切，骑其骏马，纳其美貌之妻妾。"如今，论起这所谓的"最大之乐事"，天下没有一个男人能够比得过他。但得到了这一切，就真的快乐吗？纵使成吉思汗能够征服天下所有的疆土，但对于逝去的年华，哪怕只有一年，一个月，不管他如何挥舞铁鞭，指挥战马，永远也无法找回。所向披靡的成吉思汗第一次感觉到自己的空乏无力，也第一次醒悟到紧握在手的一切居然是如此的如梦如幻。成吉思汗并不甘心，于是就向身边的人问起有何方法长生不老。

这时候，常伴成吉思汗左右的汉人刘温告诉他，中原有一个叫丘处机的得道高人，已经活了三百岁，"有保养长生之秘术"，可以找来请教一二。成吉思汗听后大喜，他也曾听闻过丘处机的大名，若真能找到这位高人，一方面自然是可以求得延年益寿之法；另一方面，如今蒙古大军虽已进入中原，但"民未厌服，而叛命者日众"，杀之不尽，除之不绝。若屯兵中原，又势必牵制西进的步伐。况且单凭武力镇压，终非长久之计。若有丘处机相助，必能稳定局势，笼络人心。

除了刘温之外，成吉思汗的左右员外郎耶律楚材也赞同征召丘处机。耶律楚材是契丹皇族后裔，从小聪颖好学，博览群书，精通汉族文化，能诗善文，天文、地理、律历、术数、医卜及释道等学说无一不精。又雅好佛学，法号"湛然居士"，师从曹洞宗高僧行秀，深受其"以佛治心，以儒治国"的理念的影响，所以他和丘处机一样都有济世救民、安定天下的情怀。在蒙古军攻破中都后，耶律楚材便随成吉思汗派来征召他的使者一起回到大漠。虽然成吉思汗以征战沙场闻名，但他亦并非草莽武夫，深知不能"马上治天下"的道理。当他与耶律楚材见面之后，对其才学称赞不已。这令当时一些一味追求战功的将士不解。其中有一位西夏的工匠名叫常八斤，他擅长造弓，在军中颇有名望。见得成吉思汗器重一个手无缚鸡之力的文士，便质疑成吉思汗："如今行军打仗，要耶律楚材这种读书人有何用？"成吉思汗一时无法回答。耶律楚材便说："造弓尚且需要造工匠，治理天下难道就不要'治天下匠'吗？"成吉思汗由此对他更加倚重。

119

耶律楚材在追随成吉思汗后，献上西征世界的局谋大策，帮助成吉思汗开疆辟土。但也着力改变蒙古军的一些野蛮作风。其中最为人诟病的就是蒙古军的屠城政策。在侵占中原后，近臣别迭认为：虽然降服了众多汉人，但留着都没什么用，不如全部杀光。唯独中原的草木茂盛，可以作为牧场。耶律楚材便说："大军不久便要旌旗南指，军需粮草都要早日准备。这些东西都要靠农业耕作，杀掉汉人，毁掉农田，军队何以为继？若保全汉人，让他们安心生产，银、绢、粟等物品可源源不断地输入军中。"如此拯救了无数苍生。此后在蒙军攻破汴京时，更是直言劝谏，保全了一百四十七万百姓的性命。但毕竟蒙古人疏于文治，仅凭耶律楚材一人之力，难以教化众生。所以，当他听闻成吉思汗有征召丘处机之意时，他极为赞成，希望凭借丘处机在宗教上的巨大影响力，积极改进蒙古修文崇善的工作。当然在宗教立场上，毕竟是一佛一道，观点不可避免地会有分歧，这也导致了日后两人的矛盾。

既然熟谙中原文化的耶律楚材表示赞同，成吉思汗便下定决心征召丘处机。于是耶律楚材代成吉思汗草拟了诏书，其中称赞丘处机"体真履规，博物洽闻，探赜穷理，道冲德著，怀古君子之肃风，抱真上人之雅操"，又表明了征召的意图："或以忧民当世之务，或以恤朕保身之术。"于是兴定三年（1219）五月，刘温便手持诏书，腰悬成吉思汗钦赐的虎头金牌，上面刻着"天赐成吉思汗皇帝圣旨，当便宜行事"，带领二十名蒙古骑兵，从额尔齐斯河畔出发，踏上了征召丘处机的行程。

六月，刘温一行人到达了威宁县（今内蒙古兴和县西北）。七月，抵达德兴府（今河北涿鹿）。八月在蒙古守军的护送下，刘温顺利抵达燕京。此时距离山东已经不远，但河北、山东是各家争斗之地，兵荒马乱，盗贼丛生，刘温不得不放慢行进的步伐，同时四处打听丘处机的近况。进入山东边境时，驻守山东的叛金宋将张林不知刘温来意，率领甲士万人在郊外迎接刘温。不过此时南宋和蒙古正在议和，张林也未鲁莽行事。刘温向他解释是持诏访求长春真人后，张林还予以资助，派人护送刘温一行直至益都。刘温听闻丘处机的大弟子李志常正在益都，便特意前去拜访，向他请教与丘处机会晤的事宜。李志常则劝刘温去潍州见最受丘处机器重的尹志平。毕竟丘处机此时已经是七十二岁的高龄，西行数千里，并非易事。若有尹志平从中斡旋，征召一事更有保障。于是刘温直奔潍州见尹志平。当尹志平知晓刘温来意后，非常赞同，他说："将以斯道觉斯民，今其时矣。"言下之意，正是西行的大好时机。在尹志平的指引下，十二月，刘温抵达莱州昊天观，终于见到了丘处机，并向他宣读了成吉思汗的诏书。耶律楚材代为草拟的这份诏书，言辞恳切，态度谦恭，立意高远，丘处机听后，知道成吉思汗并非只知征战屠戮的武夫，自己济世救民的抱负有望实现，非常感动，便说："兵革以来，此疆彼界，公冒险至此，可谓劳矣。"刘温也不敢居功："钦奉君命，敢不竭力。"尹志平则着力打消老师的顾虑："道其将行，开化度人，此其时矣。"丘处机便不再推辞，欣然同意，决定等到第二年上元节过后便起程西行。

兴定四年（1220）正月，丘处机做完上元节的斋醮，带着精心挑选的十八名弟子，从昊天观出发，开始了他的西行之路。这十八名弟子都追随丘处机多年，是潜心向道的有志之士。他们是尹志平、赵道坚、宋道安、李志常、孙志坚、夏志诚、宋德方、王志明、于志可、张志素、郑志修、綦志远、鞠志圆、张志远、孟志稳、何志清、杨志静、潘德冲。丘处机带领他们西行，就好像当年王重阳带着他们师兄弟四人一起返乡终南一样，既是一种锻炼身心的长途跋涉，也是传教的大好时机。刘温则前往燕京借兵，在前方为丘处机开路护驾。

二月二十二日，丘处机一行到达卢沟桥。燕京城中的老百姓此前因刘温借兵一事早就知道了丘处机将至的消息，此后每日都是翘首以盼。如今丘处机率弟子进入燕京，更是引起满城轰动。燕京官民僧道自远郊便夹道欢迎，行至丽泽门，还有道士具威仪长吟于前，一路先导。蒙古燕京行省的最高长官，兵马都元帅抹咸得不亲自接待，并安排丘处机一行人在玉虚观安住。丘处机二十二年前曾因金世宗征召，在燕京传道讲法。如今京城易主，物是人非，更引起金朝遗民的感伤。而在这乱世之中，只有全真道和丘处机仍然保有从前的那份从容镇定。他们把丘处机视为知己，更有不少人经受战乱，觉悟到富贵荣华是大梦一场，决意随丘处机出家修行。还有许多黎民百姓，为寻求庇护，保全性命，亦加入全真门下。如此一来，往日清静的玉虚观变得人头攒动，登门求颂乞名者络绎不绝。

丘处机盘桓日久，正欲起行之时，成吉思汗的战鼓又已敲响。1217 年成吉思汗向花剌子模帝国派出一支商队，结果被对方守将误认为间谍而杀掉了。后来成吉思汗又派使者前去要求赔偿。结果对方又杀了正使，烧了二位副使的胡须。成吉思汗不堪羞辱，于兴定三年（1219）与花剌子模国正式开战。兴定四年，丘处机得到的消息就是成吉思汗正在不花剌和新都撒麻耳干征战。这两座城市位于如今的乌兹别克斯坦境内。距离燕京有近三万里的距离。三年前王处一便已在玉虚观过世，丘处机此时已经七十二岁，他考虑到自己年事已高，路途艰险，若稍有不慎，便前功尽弃，于是打算留在燕京，等候成吉思汗班师东归后再去觐见。此时刘温正在燕京为成吉思汗挑选处女，丘处机更是为自己止步不前找到了理由。他说，当年齐人献女乐，季桓子受之，孔子便离开鲁国。如今我虽只是山野鄙夫，但亦耻于与处女同列献与成吉思汗！这番话义正词严，刘温也难以辩驳，只好遣使将自己和丘处机的陈情文表送往成吉思汗的行宫。在陈情表里，丘处机写道："及至燕京，听得车驾遥远，不知其几千里，风尘澒（hòng）洞，天气苍黄。老弱不堪，切恐中途不能到得。""不若且在燕京、德兴府等处盘桓住坐。"

如此一来，丘处机便在燕京多了几个月休整的时间。四月，丘处机应信徒之请到天长观主持斋醮。五月，丘处机在德兴府龙阳观避暑度夏。龙阳观依禅房山而建，环境清幽，风景秀丽，山上有不少天然洞府，丘处机在山间行走，不由想起自己在磻溪龙门山中修炼的岁月，他写道："蓬莱未到神仙境，洞府先观道士家。松塔倒悬秋雨露，石楼斜照晚云霞。却思旧日终南地，梦断西山不见涯。"可见丘处机还是对西行有所担忧。不过总体而言，这段时间，丘处机闲适自在，游山玩水，传符受戒，过得是十分惬意。尤其是平地涌泉，清冷可爱，伴着清幽山风，徐徐吹来，令酷暑的烦闷和胸中的纠结一扫而空。丘处机此时的诗也透露着快慰："午后迎风背日行，遥山极目乱云横。万家酷暑熏肠热，一派寒泉入骨清。"等到七月十五中元节时，丘处机在龙阳观醮祭，午后便传符受戒，老百姓原本席地而坐，热得汗流浃背，苦不堪言。不到一会儿，天空中便出现很大一块云团，形状像圆圆的华盖，久而不散，还时时吹来凉风，一下子解除了众人的蒸晒之苦，都喜悦不已。另外，原本只可供百人食用的井水，过了三天后，井中泉水升高数尺，用之不尽，可让千人饮用。老百姓对丘处机更加景仰不已。过了八月，蒙古宣德州元帅耶律秃花派人来请。丘处机便移居宣德州的朝元观。在此谈经论道，诗词唱和，生活得十分平静，他说："天下是非俱不到，安闲一片道人心。"

但安闲的时间总是匆匆而过，转眼便已过中秋。西域的使者带回了成吉思汗的旨意，敦请丘处机继续西行。诏书劝告丘处机不要半途而废，此行非同小可。尤其是诏书中写道："达摩东迈，元印发以传心；老氏西行，或化胡而成道。"将丘处机比作达摩、老子一样的圣人，可见成吉思汗对丘处机极为看重。其中所说的"老子化胡"是东汉后期，佛道相争，为抬高道教，贬抑佛教，所编造出来的佛道同源，佛由道出之说。尤其是西晋道士王浮所撰的《老子化胡经》影响极大。经中说，老子西出函谷关后，便经西域而至天竺，化身为佛，教化胡人，由此产生佛教。而这封诏书当然亦出自耶律楚材之手，他笃信佛教，但为了打动丘处机，他不惜以佛教较为忌讳的"老子化胡"一事劝慰丘处机，更加说明成吉思汗对丘处机是志在必得。至于丘处机所说的年老体弱的问题，成吉思汗则特别嘱咐："无使真人饥且劳，可扶持缓缓来。"也就是令刘温在路上照顾好丘处机，不论时间长短，势必要将丘处机带来。

　　既然继续西行的旨意十分明确，丘处机也不能再三推托，决意西行。于是便和刘温商量："前去已寒，沙路绵远，道众所需未备，可往龙阳，乘春起发。"刘温同意后，丘处机一行人便于十月十九日到达龙门观。此时龙门观已秋风瑟瑟，渐入寒冬，来往应酬的人日渐稀少，他感叹道："杖藜欲访山中客，空山沉沉淡无色。"等到大雪纷飞时，想到马上就要前往西域，面对茫茫大漠，言语不通，风沙满天，四处荒凉，丘处机也不禁黯然神伤，他只有寄诗给燕京道友抒怀："此行真不易，此别话应长。北蹈野狐岭，西穷天马乡。阴山无海市，白草有沙场。自叹非元圣，如何历大荒。"

　　不过他也见识到这数年来干戈不息的惨状。正如生于战乱之世，后为全真掌教的姬志真所言："马蹄之所及，则金汤斋

（jī）粉；刀兵之临，则人物劫灰。变谷为陵。视南成北，比屋被诛，十门九绝，孑身不免，万无一存。漏诛残喘者，孤苦伶仃；覆宗绝嗣者，穷年索冥，凭谁荐拔，空负寒心。"在这"中原狼虎怒垂涎"的时代，只有全真道能够发挥"清静门墙"的作用，才能庇护更多的民众。丘处机非常清楚自己肩负着大兴教门、济世救民的重大责任，但为了弘道行善，自己必须克服一切困难，所以他又写诗抒发自己的矛盾心情："十年兵火万民愁，千万中无一二留。去岁幸逢慈诏下，今春须合冒寒游。不辞岭北三千里，仍念山东二百州。穷急漏诛残喘在，早教身命得消忧。"

兴定五年（1221）正月十五日，丘处机在宣德州朝元观作完最后一场上元醮事。二月八日，便正式启程西行。此时虽已立春，但春寒料峭，寒风依旧凛冽。道友们在西郊为丘处机饯行，看着寒风吹着丘处机的苍苍白发，想到路程还有万里之遥，都担心丘处机会"故人一去不复返"，禁不住流下泪来。有些道友按捺不住依依不舍的心情，跟着丘处机一路前行，心中的感激、怜惜、崇敬之情沸腾到了极致，于是抱住丘处机的马头，哽咽不已，不忍他离去。道友们知道君命难违，便问道："师父去万里外，何时复获瞻礼?"丘处机说："但若辈道心坚固，会有日矣。"众人又问何时归来，丘处机说："行志非人所能为也，兼远涉异域，其道合与不合，未可必也。"众人仍不甘心，复泣而请："师父岂能不知，愿预告弟子等!"丘处机只好宽慰众人说："三载归，三载归。"如此反复再三，众人才落下心中大石，让丘处机离去。

遨游八荒

一路向西行走了两三天，丘处机一行人到达了野狐岭。登高远望，可以俯视太行山脉；回身北顾，只有寒沙败草。一山相隔，便又是一番风貌。这里刚刚经历一场大战，累累白骨清晰可辨，路上行人稀少，一行人不由倍感凄凉。宋德方说："等我回到此地，一定要举办金箓醮，超度这些亡魂。死者与我等相遇，也是一种缘分啊。"丘处机点头称是。继续北行，到达抚州（今内蒙古兴和县）。从此地开始，丘处机一行开始朝东北行进。先到达了盖里泊，这里全是浪形丘和盐碱地。面积广博，连续骑马五日，才走出这块地方，但人烟稀少，丘处机感叹道："尽日不逢人过往，经年惟有马回还。"又走了六七日，进入大沙漠。直到三月初一，才找到有人居住的鱼儿泺（今内蒙古达来诺尔湖）。虽然已是春日，这里仍然是隆冬光景，湖面上结着厚厚的冰。但丘处机却兴致盎然，他写道："苏武北迁愁欲死，李陵南望去无凭。我今返学卢敖志，六合穷观最上乘。"意思是说，苏武、李陵以中原为念，愁苦悲绝，但我却像卢敖一样，以遨游天地，通达四方为乐。

休整几日后，丘处机因在德兴府时，斡辰大王便派人送信请丘处机一定要与他相见，所以一行人便向东北方向前进。四月一日，抵达斡辰大王驻地。听闻丘处机前来，方圆五百里的首领都载着马奶前来祝贺。七日，斡辰大王向丘处机问长寿之法，不老之术，丘处机说："须虔诚斋戒之后，才能听闻。"等到十五日开讲时，天降大雪，似为凶兆，大王醒悟到："皇上遣使万里，聘丘师问道，我怎敢在他之前乞求延寿呢？"于是作罢。十七日，大王以数百头牛马，十辆大车为丘处机送行。

走了近一个月，丘处机又遇到一些蒙古人，他们听说是丘真人，连忙献出一石五斗黄米，礼赠丘师。丘处机亦以一斗红枣作为答谢。他们第一次见到红枣，手舞足蹈地拜谢而去。又行十几日，丘处机等人渡过土伦河，发现了一座契丹古城的废墟。六月十三日，丘处机到达长松岭。中原已经入初伏天，这里却特别寒冷，早上起来的时候帐篷外面还结着一层薄薄的冰壳。丘处机遂给此地命名为"大寒岭"。

六月二十八日，丘处机来到了蒙古的行宫。成吉思汗的皇后孛儿台居于此。刘温先去禀报，皇后请丘处机渡河相见。在这里，丘处机见到了金卫绍王的女儿歧国公主和西夏公主察哈。她们远离故土亲人多年，如今见到丘处机，格外亲切，都给丘处机送来了防寒用具和食物。七月九日，刘温带领丘处机向西南行。二十五日，抵达镇海城。这里是成吉思汗的大将田镇海的领地。在中都被蒙古大军攻陷后，金章宗的两个妃子和卫绍王之妻就被掳掠到这里来。还有许多汉族工匠亦被遣送至此。所以，当丘处机抵达的时候，全城百姓都几乎沸腾起来。汉族工匠们用鲜花、彩幡为丘处机作指引，金章宗的两个妃子和卫绍王之妻都来迎接，她们都激动地哭了，并对丘处机说："过去常常听说师父道业德行和高风亮节，遗憾的是不能一见，没想到居然在这里有缘相见。"丘处机西行了近半年，第一次在万里之外遇到这么多的中原人，心情也是感慨万分，于是便向田镇海请求，在这里过冬，等候成吉思汗回来。田镇海说："近来接到皇帝的敕令，沿途各个地方的官员不得滞留耽误丘真人的行程。想必是急于见到您。如果您留住在此，那么大汗必责怪我。我愿意亲自护送。一路上，凡师所用之物，我一律备齐。"丘处机知道没有回旋的余地，便答应了马上起行。田镇海又建议，前方高山峻岭，沼泽塌陷，务必轻车简行。于是丘处机便留下弟子宋道安等九人。

丘处机临行前，想到这里中原人甚多，况且金章宗对自己有知遇之恩，如今其妃子等人落得如此下场，心中不免有愧。既然留下了宋道安等人，不妨在此地修建一座道观，可略尽抚慰之心。修建道观的消息刚刚传出，人们便不召而来，有力的出力，有钱的出钱，工匠们拿出自己最好的手艺，不到一个月就盖好了道观。此时丘处机也想起了自己的家乡，于是取名为"栖霞观"。

八月八日，丘处机携弟子赵九古继续西行。一路经过金山、白骨甸等地，路途十分艰难，连久经沙场的田镇海都说这里是"死地"，还担心晚上行走的时候魑魅魍魉害人，建议"涂血马首以厌之"，丘处机则笑道："邪精妖鬼正人远避"，根本没有必要为此发愁。八月二十八日，丘处机抵达阴山（天山）。回纥人纷纷出城郊迎。回纥首领还设宴款待，还敬献了用波斯布裁剪的哈达。九月二日，继续前行。重阳的时候来到回纥昌八剌城，丘处机第一次吃到了哈密瓜。二十七日，至阿里马城。这里人只用瓶子取水，用头顶着回家。等他们见到中原地区的汲水工具，都赞赏汉人手艺巧妙。

十月初，丘处机等人渡过了伊犁河。此处离成吉思汗的行营不远，于是刘温先行驰马奏报。继续西行七日，遇到了一位刚从成吉思汗行宫返回的东夏使者。东夏即前文所说的蒲鲜万奴所建的"大真"。使者告诉丘处机，成吉思汗已经进入了印度。这意味着路途还有万里之遥。丘处机等人连忙赶路。十六日，抵达西辽古都大石林牙（今吉尔吉斯斯坦伏龙芝）。

十一月初，至赛蓝城，连日大雨。五日，赵九古病逝，享年五十九岁。丘处机令弟子将赵九古葬于城东高地之上。赵九古死前说："人不以死生动心，不以苦乐介怀，所适无不可。"可见其人极为达观。丘处机亦在之前说道："全身都放下，一任断蓬飘。"随着西行的深入，遇到的艰险越多，丘处机胸襟愈发开阔。在将赵九古安葬完毕后，一行人又踏上了西行的道路。

十一月十八日，丘处机过锡尔河，至邪米思干（撒马尔罕）。刘温前行探路而归，告诉丘处机说："千里之外有一条大河，用舟桥可以渡河，但近来土匪毁掉了舟桥，如今已近隆冬，修桥还需时日，师父不妨明年春天再朝见大汗。"丘处机同意，便在邪米思干休息下来。这里人员混杂，盗贼众多。丘处机一行人被安排在新宫居住。随行人员担心匪徒攻打，心有不安。丘处机说："道人任运逍遥，以度岁月，白刃临头，犹不畏惧。况盗贼未至，复预忧乎！且善恶两途，决不相害，从者安之。"这种乐天知命、随遇而安的态度正是他在磻溪龙门"虎卧于旁而不畏"修行多年的"不动心"的境界。大家听了他的话，也就安心住下来了。

邪米思干在波斯语中是"富饶"的意思，这里虽然避免不了战乱，但是在太师耶律阿海的治理下，秩序井然，生活相对比较安稳。耶律阿海对丘处机甚为恭敬，先是送来十匹金丝花纹的锦缎，被丘处机谢绝后，又每月供奉米、面、盐、油、果等物。见到丘处机几乎不饮酒，以为是嫌酒不好，连忙拿出百斤葡萄酿造新酒。还引导丘处机一行人参观当地来自印度的孔雀、大象等奇珍异兽。这段时间成吉思汗也未催促，直到第二年三月十五日，丘处机再重新上路。这是丘处机西行以来休息的最长最舒适的一次。他在一首诗中感叹道："嘉蔬麦饭葡萄酒，饱食安眠养素慵。"尤其到了天气晴好的日子，丘处机便和众人一起出去游玩，只见花草树木色彩鲜丽，随处有台池楼阁。庄园之间，杂有菜园果圃。休息时就躺在青绿如茵的草地上。真是静谧安乐，十分自在。丘处机诗兴大发，他写道："园林寂寂鸟无语，风日迟迟花有情。"等回到城中，大家便谈玄论道，时而还推杯换盏，其乐融融。一扫之前对西域之行的悲苦矛盾情绪，等要从邪米思干再次启程时，丘处机还有恋恋不舍之意，他说："风光甚解流连客，夕照那堪断送人。窃念世间酬短景，何如天外饮长春。"

三月十五日，丘处机留弟子尹志平等三人于邪米思干，五六个弟了随行，同刘温、田镇海一起出发。成吉思汗令万户博尔术领回纥兵一千人，护送丘真人过铁门关。出关后，需攀山而行，山势险峻，乱石纵横。两天才至前山。下山后，护送军队为确保平安，进大山围剿贼寇。车行五日，至施拉巴德河。又行七日，到达阿姆河。一路颠簸，丘处机却诗兴甚浓："鸡犬不闻声，马牛更递铺。千山及万水，不知是何处。"四月五日，终于抵达行宫。成吉思汗派遣大臣喝剌播得来迎接。稍作休整后，丘处机便入见皇帝。

欲罢干戈致太平

等候了一年三个月，成吉思汗终于见到了丘处机。这个传说中活了三百岁的神仙，果真气度不凡。此时的丘处机已经是七十五岁，虽然是长途跋涉，风尘仆仆，略有疲态，但腰直背挺，器宇不凡，面容中闪耀着一种神秘的光彩，显得格外清癯逸然。他慰问道："他国征聘皆不应，今远逾万里而来，朕甚嘉焉。"丘处机答道："山野之人奉诏而来，是奉天之命。"成吉思汗听后非常高兴。此前丘处机以"天"的名义拒绝金宋，而今却说是天意使然，言下之意，就是蒙古将成为一统天下的霸主，而自己则为逐鹿中原的天子。于是连忙赐坐，并奉上肴馔，盛情款待。

成吉思汗费尽心机，兵马护送，当然不是为了听丘处机的奉承之言，待丘处机用完点心，便直接问道："真人千里迢迢而来，你究竟有没有什么灵丹妙药让我长生不死呢？"丘处机回答道："有卫生之道，而无长生之药。"全真道之前的道教讲究符箓丹药，吹嘘有天降神兵、起死回生、返老还童的神功，虽然赢得了君王一时的欢心，但最后却面对不了时间的考验，不但丢掉了自己的性命，而且苦心经营的教派也付诸东流，甚至连整个民族、国家都几近灭亡。北宋的林灵素之事仍是民间的笑柄。王重阳创立全真，就是为了扫除传统道教的沉疴，在重新回归原始道家的基础上，主张三教圆融，追求精神的彻悟、超越与自由，而不是延长肉体的生命，继续声色犬马的享乐。丘处机的回答既秉承全真道的根本精神，也是实事求是的回答。此前丘处机、王处一劝谏金世宗，以及刘通微觐见金章宗也是强调清静无为，少思寡欲，从不以"诡异之辞"与"谲怪之谈"欺世盗名。

其实以成吉思汗的雄才伟略，又何尝不知生老病死是无可避免的呢。只不过人总是会觉得自己也有可能是众生中的例外，认为自己不会衰老，更不会死去。只有当抱着这种自得其乐的侥幸心理日复一日，突然转眼发现年华已逝时，才不得已去慢慢接受死亡的必然命运。成吉思汗也是如此。这一年多的等待，既是盼望着奇迹的出现，也是心态的逐渐改变。当他听到丘处机如此直言相告时，只是更加肯定了自己心中早已知道的答案。些许失望是难免的，但得到如此确定的答复，心灵也不再彷徨。于是成吉思汗称赞丘处机诚实不欺，遂在自己大帐东面设两座帐篷，让丘处机一行人搬进来居住，以便日后再向丘处机详细讨教。

丘处机住下来后，成吉思汗的翻译前来询问："人们称呼师父是神仙，是自称，还是别人对您的称呼呢？"丘处机回答："非山野自称，乃是人们这样呼叫。"翻译向成吉思汗回报后，又问："过去人们怎么样称呼您？"丘处机说："我们师兄弟四人跟随重阳真人学道，三位已经仙逝，只有我还活着，人们叫我'先生'。"成吉思汗找来镇海问:"真人应该给他个名号,你看赐什么为好。"镇海说:"有人尊称师父,有人称作真人、神仙。"成吉思汗说:"自今以往,可呼神仙。"这就是成吉思汗赐丘处机"神仙"称号的由来。

成吉思汗原本打算在四月十四日再次向丘处机问道,但恰逢回纥山贼作乱,成吉思汗要带兵亲征,只好改在十月寻吉日设坛问道。如此一来,又有半年闲暇。丘处机想起邪米思干的悠游自在,便请求回到邪米思干旧馆。成吉思汗担心舟车劳顿,但见丘处机执意如此,便只好派人护送他回去。返程的路途刚刚遭遇兵灾,一路上尸横遍野、白骨凄凉。丘处机目睹惨状,不由感叹道:"夹道横尸人掩鼻,溺溪长耳我伤情。十年万里干戈动,早晚回军望太平。"济世保民之心越发坚定。

回到邪米思干后,丘处机仍然居住在新宫。这里虽渐入夏,但气候非常怡人。新馆踞北山之崖,俯瞰清溪。溪水自雪山来,凉砭肌骨。仲夏炎热,丘处机白天就靠在北轩风卧,晚上则寝于屋顶平台。虽在绝域,但丘处机亦安然沉澹,自得其乐。八月七日,成吉思汗征丘处机回行宫。耶律阿海执意护送,丘处机听闻近日回纥城东又起叛乱,夜夜火光照城,担心百姓安危,于是让耶律阿海回城安抚民心。过了十多日,渡过阿姆河,来到班里城。这座城市不久前出现叛乱,成吉思汗攻陷班里后,担心再生事端,屠杀了全部居民,历时七天。所以等到丘处机抵达班里城时,偌大的城市空无一人,唯一让人感觉到的一丝生命气息就是偶尔传来的一两声狗叫。丘处机置身空城,鼻中还隐隐闻得到血腥之气,耳边仿佛还能听到生命之火熄灭前最后的哀号,只觉得悲伤摧痛之感阵阵袭来,内心对天下太平安定的期盼几乎臻于极致,他在此写下了一生中最为人所知的诗句:"自古中秋月最明,凉风届候夜弥清。一天气象沉银汉，四海鱼龙耀水精。吴越楼台歌吹满，燕秦部曲酒肴盈。我之帝所临河上，欲罢干戈致太平。"此次再见成吉思汗，必要劝善止杀！

八月二十二日，丘处机抵达行宫。成吉思汗派镇海来问："是趁便觐见皇上，还是打算休息一下再见皇上呢？"丘处机说："盼望早些见到皇上，况且，道家之人见圣上，从来不行跪拜之礼，入帐折身叉手而已。"成吉思汗接见之后，向他嘘寒问暖，又请他每日到身边吃饭，丘处机以"惟好静处"婉言谢绝了。二十七日，又赏赐葡萄酒、瓜果、茶叶等物品给丘处机。

九月一日，丘处机奏明成吉思汗，论道的吉日将至，可召耶律阿海前来参加。十五日，成吉思汗正式问道。他将左右侍女全部退下，坛上布置得灯火辉煌。镇海、刘温侍立帐外。丘处机、耶律阿海、阿里鲜入帐中侍坐。丘处机奏明皇上："刘温万里周旋，镇海千里远送，也应该入帐，亦可入帐与闻道话。"于是，将这两人召入。丘处机便开始讲道，由耶律阿海用蒙语翻译，成吉思汗听了非常满意。

十月九日，再次召请丘处机论道，成吉思汗听后很高兴。二十三日，再次宣师入帐，成吉思汗和颜悦色地听讲，命令旁边的人做记录，还下令写成汉字，并嘱咐左右人员说："神仙三说养生之道，我甚入心。使勿泄于外。"

这三次讲道究竟讲了什么呢？李志常在《长春真人西游记》中依照"勿泄于外"的旨意，并未透露。但所幸的是，还有蒙古近臣的记录材料。这就是《道藏》中赫赫有名的《玄风庆会录》。至于作者，此书开卷便标明："元侍臣昭武大将军尚书礼部侍郎移剌楚才奉敕编录。"这里的"楚才"就是前面提到的耶律楚材。当时他确实是成吉思汗帐前的亲信必阇赤，掌管文书，此前的两封召请丘处机的诏书都是出自他的手笔，所以，《玄风庆会录》极有可能是耶律楚材编辑整理的汉字材料。当然，也有学者认为，《玄风庆会录》在长春论道七十年后出现，在此之前并未有任何完整记录。且文中所称耶律楚材的官衔并不符合史实。应该是全真道的门人为了对抗耶律楚材于正大六年（1229）刊行的《西游记》，根据前辈师父口耳相传的故事渲染而成。不管其作者为何人，文字中所反映的思想是丘处机一生修道所得的精华所在，这一点是确定无疑的。

《玄风庆会录》全文约三千四百字，言简意赅，主要讲了两个方面：一是修身养命之方；二是治国保民之术，是了解丘处机的基本思想和全真道的核心教义的重要参考文献。文章首先谈到的是本体论问题。丘处机认为，道是宇宙的本体，"生天育地，日月星辰，鬼神人物皆从道出"。世间的万事万物都是源自于道。而人作为一种特殊的存在者，不同于没有意识的植物，他不仅知道天的无边无际，更要认识到一切背后都有道的运转不息。人活在世上，"宜趣修真之路，作善修福，渐臻妙道"。

其次，文章谈到了工夫论的问题，也就是人应该如何修行的问题。丘处机认为，人是具有回到大道的可能性的。因为人在还未出生之前，便"在乎道中，不寒不暑，不饥不渴，心无所思，真为快乐"。之所以人会偏离道，主要是由于两个方面的原因，一是"爱欲之深"，也就是人的贪欲执着之心。当人被爱欲所支配时，就会"眼见乎色，耳听乎声，口嗜乎味，性逐乎情"，导致的结果便是"散其气"。气之于人，就好像气之于蹴鞠，真气弥漫，就健实刚毅；一旦气有泄漏，便虚软无力，所以"气全则生，气亡则死，气盛则壮，气衰则老"。从而修道的人应该恬淡清静，"世人爱处不爱，世人住处不住，去声色以清静为娱，屏滋味以恬淡为美"。二是"身口为累"。人生在世，不能离开衣食住行。为了满足这些最基本的需要，人必须要经营劳作，一旦"意虑乎事"，便"万事生矣"。人处在这些日常琐事的纠缠之中，就难免心猿意马。当内心失去了安宁与平静之后，就好像水因为风动而变得混浊一样，又如何去映照万物呢？如果不能修真炼心，那么人只不过是被外物不断地牵引着前行的木偶罢了。

那么人应该如何回归大道呢？丘处机的方法主要有三点。第一，"学道之人，知修炼之术，去奢屏欲，固精守神，唯炼乎阳"。也就是说，要修真必须清心寡欲，不能任意妄为。其中非常重要的一点就是不要亲近女色。丘处机十分明确地指出，"学道之人，首戒乎色"。针对问道的成吉思汗，他非常直接地批评了其纵情声色的问题。他说，平常人娶一个老婆都损伤身体，更不用说您贵为天子，嫔妃成群，身体损伤的程度会有多深了。现在已经宫姬满座，还让刘温在中原拣选处女，所谓"不见可欲，使心不乱"，这对您来说没有好处。他还打消了成吉思汗服食丹药的念头。他说："药为草，精为髓，去髓添草，有何益哉？"就好像口袋中的黄金一样，用了一些后，用铁填补回来。久而久之，黄金耗尽，口袋虽然满满的，但也只不过是一堆废铁而已。服食丹药就好比以铁易金一样的无用。真正的养身之法，就是"试一月静寝，必觉精神清爽，筋骨强健"。他还以圣人为例，劝谏成吉思汗。他说："先圣周公、孔子、孟子各有子，孔子四十而不惑，孟子四十不动心。人生四十已上，气血已衰，故戒之在色也。陛下圣子神孙，枝蔓多广，宜保养戒欲为自计耳。"

第二，少思寡虑。丘处机认为这是"乃成道升天之捷径耳"。轩辕黄帝向仙人广成子请教治身之道，广成子亦说，"汝

135

无使思虑营营一言足矣"。丘处机当年在磻溪龙门修炼，亦是在心性上痛下功夫。具体的修行方法之一就是"坐环"，即面壁静坐。在《重阳立教十五论》之七专论打坐，要求"须要十二时辰住行坐卧，一切动静中间，心如泰山不动不摇，把断四门眼耳口鼻，不令外景入内，有丝毫动静思念即不名静坐"。这样的修炼方法即使对于专心修道的人来说，也是非常困难，让富有四海、日理万机的成吉思汗去修炼并不现实。所以丘处机只是劝告成吉思汗执守"中和之道""太怒则伤乎身，太喜则伤乎神，太思虑则伤乎气"，不要大喜大悲、过多思虑就可以得到上天的庇佑了。若要真正"止念""一物不思量"，则还需要领悟"身假神真"的道理。这里所说的"身假"，指的是人的身躯，并不是从来就存在的，也不会一直存在下去，之所以有这个身躯的存在，是"从父母而得之"，是各种内外条件聚合的产物，并没有真正的自性，条件具备则身存，条件消亡则身亦亡，所以不要对身起执着之念；"神真"指的是人真正的自性。这个自性是人本身所具有的，只是在后天的生长过程中，受到了各种各样的浸染，自性逐渐被遮蔽。但只要有心向道，一心觉悟，便可以重新"从道中而得之"。明白了"身假神真"，就可以放下由肉身产生的种种欲望，逐渐远离外界的干扰，回到清静本性。

第三，积行累功。全真道主张"三教圆融"，有不少修行理论就直接来自于佛教。上文所说的"身假神真"，实际上和佛教的因缘和合聚散之说非常接近。至于"积行累功"，则更是以佛教的轮回转世之说为理论基础。丘处机说，轩辕氏奉天命降世后，"一世为民，再世为臣，三世为君，济世安民，累功积德，数尽升天而位尊于昔"。通过不断地积累功德，最后才升天为仙。至于人世间的帝王，乃是"天人谪降人间"，如果行善修福，那么等到升天之后，在仙界的地位便高过谪降之前；若是不行善修福，就会受到相应的惩罚。如果行善修福的功德比较微薄，那么就要再次轮回转世，继续修福济民，才能重返天界，获得高位。

丘处机曾经还以"大宝明珠"为例来说明积行累功的重要性。他说："如人有大宝明珠，价值百万。我欲买之，而钱数未及。须日夜经营，勤求俭用，积聚钱物，或三千五千，或三万五万，钱数未足而宝珠未得。其所积之钱且得使用，比于贫窭之家，雪泥有隔。积行累功者亦然，虽未得道，其善根深重，今世、后世，圣贤提挈方之。无夙根者，不亦远哉。"如此一来，一方面，人的来世、后世就成了人今世的果，对今世的行为形成了一种制约作用；另一方面，人能够凭借自己的努力行善来掌握自己未来的命运。所以，此生的寿命长短并不是真正值得关注的目标，只要尽心行善，就算为时已晚，也能够对来世命运的改善有所帮助。

通过这种积行累功的理论，丘处机就向成吉思汗指明：您并非凡夫俗子，乃是大人卜凡，若要重返天界，就一定要积善行道。因为"行善进道则升天，为之仙；作恶背道则入地，为之鬼"。您现在已经进入上寿之期，只有修德保身才能延年益寿。"陛下修行之法无他，当外修阴德，内固精神耳。恤民保众，使天下怀安，则为外行；省欲保神，为乎内行。"丘处机还委婉地批评了成吉思汗征战不息、税赋沉重的问题。他向成吉思汗建议，山东、河北两地兵火相继，老百姓四处逃亡流散，未能得到妥善安置，应该派了解当地情形的干练官员，善于管理措置的"仔细事务者"，去处理那里的事情，给当地免除三年赋税。既可以使国家军队得到充足的丝绸供应，又可让百姓获得复苏和喘息的机会，一举两得。这也是安顿百姓、为

137

国祈求洪福的重要方面。等到平定中原后，最好也像金国初得天下一样，先交给中原本土人来治理，让老百姓获得苏息之安，然后再取而代之。

《玄风庆会录》还谈到了境界论的问题。"夫道产众生，如金为众器，销其像，则返成乎金；人行乎善，则返乎道。"人只要通过行善，就可以重新与大道合一。那么修道的境界又是什么？《玄风庆会录》主要谈的仍然是成仙。此文非常明确地说："但能积善行道，胡患不能为仙乎？"成仙又意味着什么呢？丘处机为了打动成吉思汗，描绘了一幅十分美好的景象。他告诉成吉思汗，当年林灵素曾经带宋徽宗神游过天宫，宋徽宗去了以后，写道："神霄不饥不渴、不寒不暑、逍遥无事、快乐自在，欲久居之无复往人间之意。"丘处机还用成仙解释了马、谭、王三子没有高寿的原因。说他们是"已升化"，就好比金蝉脱壳一般，离开了浊胎凡骨，但却可有千百种不同的化身。自己虽然得享高寿，但肉体只是"幻身假物"，没有什么好留恋的。只有"真身"才重要，一旦成仙飞升，就可以千变万化，无所不可，寿命可享千岁或万万岁。这种"上天至乐"才是真正的快乐。

当然这种成仙的境界论亦有不足之处。把"仙"理解为在天空中自由来去，随意变化，逍遥于天界的神，这无疑又重新回到了传统道教的老路子。王重阳创立全真道，强调"全真而仙"，就是对历代求仙误国引发的人们"以学仙为疑"的信仰危机的反省。王重阳认为，白日飞升、永生不死、离世独立完全是荒诞不经的说法。"全真而仙"主张的是识心见性，身在凡尘而心在圣境，追求的一种心境自由，是一种禅学化的道教。正如当代学者唐代剑所说，是"一种超越客观而内在完美的精神自由与健康长寿相结合的人生目标，即'清凉路上得长生'"。

丘处机一生求道，实际上也并未以《玄风庆会录》中的"仙"为归旨，而是主张"性命双修"。"性"就是可以脱离人的肉体而存在的真性；"命"则是与人的肉体相关联的血气与脉络。在修性上，以"不动心"为手段，提高素养，积功累德，以求得真性显现。丘处机将之描绘为秋夜之明月，是"团团皓月挂虚空"，亦是"云散虚空体自真，自然现出家家月"。在命功上，丘处机倡导内丹方术，撰有《大丹直指》，强调调息理气，营卫气血，练气养神，追求炼形保精。在"性"与"命"的关系上，丘处机尽管主张性命双修，但也认为"见性为体，养命为用"，两者有主次之分，他曾说："吾宗前三节，皆有为工夫，命功也。后六节，乃无为妙道，性学也。三分命功，七分性学。"在《长春真人语录》中，他明确地说："吾宗唯贵见性，水火配合其次也。"这里的"水火"是修炼命功的术语，即肾水心火。丘处机认为，水火迎合，肾心交媾，便可延年益寿。但这些功夫都是为"见性"来服务。所以，他的成仙境界论，应当是既有精神上的自由逍遥，又强调肉体上的长生久视，但并不以长生不死，久处人间，成为度化神仙为最高理想。丘处机曾十分清楚地说："吾宗所以不言长生者，非不长生，超之也。此无上大道，非区区延年小术耳。"意思是说，如果仅从长生久视来定位全真道的宗旨，完全是小觑了修道的效用。不过，若是从丘处机随机施教、因人而异的教育观念来理解，那么《玄风庆会录》中的成仙境界论虽然和全真道的教义有所抵牾，但仍不失为接引点化成吉思汗的必要法门。

丘处机对成吉思汗的建议归根结底就是少思寡欲、积善修道。修身养命之方和治国保民之术两者实际上是互为补充、相辅相成的关系。从《玄风庆会录》来看，丘处机反复强调积功累德之说，一则可以打消成吉思汗对此生寿命长短的执着，把

"修身养命"的希望可以放在来世；二则通过区分"常人"和"天人"，让成吉思汗明白"治国保民""恤民保众"是他作为"天人"独特的，也是最重要的积善方式。正是这一点，使得后来中原无数苍生的性命免遭蒙古大军的铁蹄践踏。丘处机也因此得享高名。在《金莲正宗记》中就有一个评价丘处机贡献的故事。有一个人说："磻水溪边七年苦志，宝玄堂上数载流光；炼金丹太药之基，种火枣交梨之树；出神入梦，斡地回天，此功德之最大者也。"即认为修炼精湛是最大功德。还有一人说："修宫立观，传教度人；开全真七朵之莲，种无影三花之树；受箓冠者半天下，谈道德者匝世间；无人不饮于重玄，有物尽沾于至化，此功德之最大者也。"即认为广开教门是最大功德。第三个人认为前面两个人的观点是"见其小不见其大，得其粗不得其精；取太山之半拳，拾邓林之一叶也"。丘处机最大的功德应当是"应诏而起，一见而龙颜稍霁，再奏而天意渐回；诏顺命者不诛，许降城而免死；宥驱丁而得赎，放虏口以从良；四百州半获安生，数万里率皆受赐。所谓展臂拒摧峰之岳，横身遮溃岸之河；救生灵于鼎镬之中，夺性命于刀锯之下；不啻乎百千万亿，将逾于秭穰京垓"。挽救了天下亿万苍生的性命才是最值得称赞的事情。后来的乾隆皇帝也认为丘处机的"济世奇功"就是"一言止杀"。当然，我们也应该看到，救中原于水火并非丘处机一人之功，而是那个时代和他一样怀有救国救民之心的仁人志士共同努力的结果，只不过丘处机在其中扮演了非常重要的角色。

丘处机的建议是质朴真诚的，当然要做到并不是一件易事。修真悟道，就好像抱着石头上高山，越往上走越是艰难，稍不留意便前功尽弃。成吉思汗在认真听完三次说法后，也感叹道："斯皆难行之事"，只是承诺"勤而行之"。真正要领悟并切实身体力行还需要时间和机缘。不过经由这三次问道，丘处机和成吉思汗之间结下了深厚的友谊。此后丘处机成了成吉思汗的随从，时常进陈以道义教化之言。有一天，成吉思汗问道："丘神仙，您每次都劝我止杀，为什么呢？"丘处机说："天道好生而恶杀。止杀保民，是符合天心的。顺天者，天必然会眷顾庇佑，降福到家。何况对于百姓来说，并不会对谁永远尊崇，他们只喜欢有德行的人；也不会对谁始终归顺，他们只佩服有仁心的人。如果你想为后世子孙打算，那么最好的办法就是布德推恩，依仁由义。只有这样，才能千秋万载，一统天下。"成吉思汗听后非常高兴。

十二月二十八日，天雷滚滚，桥梁和码头被雷击成两段。丘处机便借此机会，告诉成吉思汗天下最大的罪过莫过于不孝，如今雷声轰鸣，是"天故以是警之"，蒙古部族应推行孝道。成吉思汗对丘处机的意见非常看重，先是允许他"任意而行"，后则是专门召集太子各王及一些大臣来参加集会，向他们转述丘处机的建议，并交代这是"天俾神仙为朕言此，汝辈各铭诸心"。到了次年二月，丘处机入帐向成吉思汗请辞。他说："我曾经许诺三年而归，现今正好三年。重回故乡，是我最大的心愿。"成吉思汗已经将他视为知己，于是说："我也要东归了，不如你等等我，我们一起走。"然而丘处机坚持要先走，说一则是行走随意一些；二则是皇上要询问的问题，已经全部答复。态度十分坚决。成吉思汗再次挽留他，让他再等几天，看还有没有难题向他请教。

非常凑巧的是，在丘处机辞行的第二天，就发生了一件让成吉思汗顿悟的事情。二月八日，成吉思汗出去打猎，正追射一头大野猪，突然马失前蹄，人摔了下去。野猪吓呆了，在成吉思汗身边站了一会儿，也没敢上去咬人。手下的侍卫连忙赶来，野猪狂奔而去。成吉思汗便回身上马，罢猎回宫。虽然并未受伤，但对于从小便习于骑射，善于马上征战的成吉思汗来说，从马上坠下是自己已经垂垂老矣的铁证，这已经是无可挽回的事实。若再不加收敛，大限便在眼前。成吉思汗总算是领悟到了生命的短促和急迫，明白了再多的功业也抵不住肉体的虚弱，再多的享乐也掩不住悲剧的事实。丘神仙的话也不再显得那么的虚无缥缈，那些逆耳良言每一句都开始闪耀光芒。而丘处机听到此事后，入帐奏道："上天之道是好生恶杀。现在您年事已高，应该少打猎。坠马，是上天提出警告；野猪不敢上前咬人，是上天在庇佑陛下。"听完丘处机这番话，成吉思汗想起此前雷击断桥，警示天意；又浮现起野猪与自己对视时惊恐的眼神，不得不相信这一切都是天意使然。上天连续两次给予警告，又恰逢丘神仙离别之际，这高远深邃的天已经真正让他心生敬畏。于是他对丘处机说，自己已经深刻醒悟，只是骑射是自小养成的习惯，不可能改得太彻底，但神仙的话绝对记在心中，并告诉大臣说："凡是神仙劝我的话，我以后都依照他的办。"从此两个月都没有出去打猎。

二月二十四日，丘处机再次请辞。成吉思汗又劝他多待几日。三月七日，又提出辞行。成吉思汗知道丘处机去意已决，再强留也无意义，便赐予牛马珠宝等物，但都被丘处机婉言谢绝，说："只要得到脚力可以乘骑，就足够了。"成吉思汗对丘处机一直心存敬意和感激，于是就开始思考真正适合得当的赏赐。于是便把跟随丘处机时间最长的翻译阿里鲜找来，问他："汉族地区，丘神仙的门徒有多少?"阿里鲜回答说："很多!神仙来时，我在德兴府龙阳观，曾见有关部门在那里催逼税役。"成吉思汗于是说："全真道教系统的，应该全部免除税役。"说完，立即下一道圣旨，并加盖了玉玺。圣旨上明确写道："据丘神仙底应系出家门人等随处院舍，都教免了差发税赋者……奉到如此，不得违错，须至给付照用者。右付神仙门下收执照使。所据神仙应系出家门人精严住持院了底人，并免差发赋税。"

这道圣旨的确是最好的礼物，它独一无二，除了成吉思汗，天下无人可以给予，产生的效果也远非金银财宝可以替代。有了这道圣旨，全真道就成了名副其实的"清静门墙"。只要加入全真道，便可在这乱世苟全性命。庇佑苍生是丘处机自战乱以来一直的心愿，所以无论是于私于公，丘处机都无法拒绝成吉思汗这份厚礼。至此，西行的目的基本实现，剩下的就是回到中原大兴教门。

全真而仙

三月十日，丘处机辞别成吉思汗，启程东归。成吉思汗让众官员带着葡萄酒、水果等为丘处机送行，一直相送数十里外，才挥泪告别。三日后，丘处机到赛蓝城。赵九古此前便在此仙逝。西行共携手，东归少一人，众人想起赵师兄客死异乡，都恻然悲切，想带其遗骨同归中原。丘处机却力排众议，他说："四大假躯，终为朽物。一灵真性，自在无拘。"意思是说，身体本无自性，都是假因缘和合而成，终究要随因缘而消逝。遗骨亦复如是。修道之人不应该执着于名相，只有超脱于名相，靠自己一心修炼得来的真性，才是自由自在，无拘无束。赵九古的身躯葬于此地，就任其自然，不要认假为真，起心动念。

五月，丘处机回到镇海城，与此前留在这里修建栖霞观的弟子宋道安等九人会合，一同东归。一行人归心似箭，行程很快。十六日翻越阿尔泰山，丘处机感染风寒，也未作延迟，只是喝了一点热汤，便继续赶路。六月二十二日便到了丰州（今内蒙古呼和浩特东白塔镇）。七月三日至下水。九日便抵达云中（今山西大同）。这里已离燕京不远，丘处机便在此休整了二十多天。七月十三日，阿里鲜要前往山东招谕未归附蒙古的州郡和百姓。山东是全真道的大本营，若有丘处机的支持，降服百姓、缓和矛盾要容易得多，于是恳请丘处机派尹志平同行。丘处机起初并不同意，以强势者摇旗呐喊，有为虎作伥之嫌。但中原大势已去，若一味顽抗，引得蒙古大军袭来，此前所见班里城空无一人的景象恐怕就会重现。所以为了减少杀戮，保全性命，丘处机便同意尹志平随阿里鲜同行，并说："虽然不能扭转乾坤，但总好过于对老百姓的死坐视不理，袖手旁观。"临行前，又叮嘱尹志平管束道众，不能因为得受成吉思汗垂青而变得肆无忌惮，他说："长行万里，一去三年。多少道人，纵横无赖者。尹公到日，一面施行。勿使教门有妨道化。众生福薄，容易转流。上山即难，下坡省力耳。"而当尹志平去山东后，以全真之说教化，未投降的百姓纷纷放弃抵抗，由此保全了极多人的生命。

八月，丘处机到达宣德，入住朝元观。三年前的中秋，丘处机亦受耶律秃花之邀居于朝元观。此次回来，礼遇数倍于前。元帅耶律忙古台摆下仪仗队出城到远郊迎接。入城后，道友们恭敬侍奉，盛情接待。九月，成吉思汗又派阿里鲜传旨："我前时已有圣旨文字与你来，教天下底应有出家人都管著者。好的歹的，丘神仙你就便理，见你识者。"如此一来，全真道不仅是得到了最有实力的蒙古人的认可，而且还成了中原所有宗教的首领。丘处机的名望大胜从前。黄河以北的州府，王室官员、元帅将官及官吏、百姓都争先恐后地写信邀请丘真人。来的书信堆积如山，丘处机应接不暇，只好写道："群方帅首，志心归向。恨不化身，分酬众望。"除了应对日常琐事之外，丘处机这一时期把主要精力放在了斋醮上。虽年迈体弱，但"大兵过后，必有凶年"，丘处机一路上看到接二连三的战争、灾害、瘟疫使得生灵涂炭，哀鸿遍野，于是不顾老迈之躯，不辞辛劳地连续为百万亡灵做了好几场斋醮。最大的一场是十一月十五日在德兴的龙阳观，这场斋醮是为了抚慰野狐岭上的遍野白骨，两年前他们西行至野狐岭时，宋德方等人曾许愿："日后若归来，当为做斋醮以超度。"于是便设醮于龙阳观济渡孤魂，一连进行了三天两夜。天公似乎也被这种诚意所感动，斋醮之前，天气稍寒；济渡过后，温煦如春。

斋醮过后，成吉思汗又托元帅贾昌传旨慰问："神仙自春及夏远行，路途辛苦，所得食物驿马，都还好吗？到宣德等地，相关部门是否提供较好的驿馆？所吃的谷物，有无腐烂变质？招抚那些给道观种田的农户，是否回来？朕常常挂念丘神仙，希望你不要把我忘记。"由此可见，成吉思汗对丘处机的关怀达到了无微不至的地步。正大元年（1224）二月初一，燕京行省最高长官金紫光禄大夫石抹咸得卜率部众恳请丘处机入住天长观。丘处机应邀奔赴燕京。次日清晨，四乡远来的父老士女，以鲜花引导丘处机入燕京。前来瞻仰丘真人风采的人，络绎不绝，人山人海，将道路塞得满满的。此情此景，正如三年前西行启程之际，当时众人问何时归来，丘处机曾说："三载归！三载归！"到了这时，正好是三年，应验了此前的说法。

七日，丘处机入天长观。十五日道众请丘处机移居玉虚观。二十五日，成吉思汗又派人传来圣旨："神仙道汉族地区，以清净无为之教，感化众人，还天天为我念经祝寿，好得很。让神仙在好的环境、喜爱住的地方居住。告诉阿里鲜：神仙年事已高，要好好保护。希望神仙不要忘记我以前说过的话。"

六月十五日，成吉思汗再次派人传来圣旨："自神仙走后，我不曾一日忘记神仙。神仙也不要忘记我。在我统辖的国土上，凡是好地方，只要你喜欢并且愿意居住，就可以住下去。你的弟子们常为我诵经祝寿，这样做，很好！"这道圣旨给予了丘处机更大的权力，凡是全真道喜欢的地方，都可以据为己有，这无疑是广兴教门的大好时机，当然这也为日后的佛道之争埋下了隐患。丘处机顺势在天长观建立了八个分会。一时四方道人云集于此，纷纷求访，求法名者，更是数不胜数。燕京行省的最高长官及宣差札八儿也将北宫园及其附近的数十顷地献给丘处机。

至此，凭借成吉思汗的四道圣旨，全真道拥有了免除差役赋税、掌管天下大小道门、任意立观渡人的三大特权，这标志着全真道成为了众教之首，丘处机终于凭借自己的努力实现了王重阳"四海教风为一家"的理想。在生命的最后几年，丘处机虽然取得了轰轰烈烈的成就，被众人皆奉为神明救星，但他却没有被冲昏头脑，而是不自恃其功，越发谦卑，极为淡泊，真正做到了老子所说的"虽有荣观，燕处超然"。在正大元年（1225）四月，蒙古宣抚使王檝请丘处机到其府上做斋醮。王檝是陕西人，跟丘处机聊到咸阳终南一带竹林茂盛，便请他看庭院之竹。丘处机看到翠竹后，感慨自己归期将至，希望能在有生之年，广植竹林，"聊以遮眼"。王檝听后很吃惊，觉得丘处机如今位高权重，况且天下兵革未息，民众之苦甚于倒悬，应该以天下为念，保护生灵。丘处机却以杖叩地，笑而答曰："天命已定，由人乎哉？"意思是说，这一切上天已经做好了安排，我又能做什么呢？只不过是顺其自然罢了。他不敢恃宠而骄，自以为天下之救主。

此后丘处机亦写有《凤栖梧》以表心迹："得好休来休便

是。赢取逍遥，免把身心使。多少聪明英烈士，忙忙虚负平生志，造物推移无定止。昨日欢歌，今日愁烦，至今日不知明日事，区区著甚劳神思。"意思是说，不要执着于世俗的成就，是非成败转眼成空，一切应以逍遥清静为本。还有人登门质问丘处机是非曲直，他也漠然不应，最后写了一首偈颂点化众人："拂、拂、拂、拂尽心头无一物，无物心头是好人。好人便是神仙佛。"主旨仍然是不起心动念，毁誉不入于心，保持真性本然。

待人接物上的清虚无为，并不代表着无所事事、漠视天下苍生的苦难。相反，丘处机一直都对"无为"和"有为"有着自己独到的看法。他认为，无为是在心地上下功夫，淡泊名利，不随世事而婉转；有为是在事功上尽己力，积功累德，接待兴缘，要识时务，更要济民安邦。这两者并不冲突，只有保持无为的本心，才不至于被外物所牵制；只有尽心竭力去行善，才能增进修道的觉悟。作为修道之人，应该是"且向无为乐有为"。用当代美学家朱光潜先生的话来说，就是"要有出世的精神，才可以做入世的事业"。所以，在获得了三大特权之后，丘处机一方面自卑其身，一方面便着手大兴教门，庇佑苍生。他将北宫园附近的数十顷地建为道院。而此时正值战乱之际，河南河北的老百姓逃难无门，丘处机便让弟子们持度牒将这些受难民众度化为全真门人。如此一来，许多要卖身为奴的百姓重获自由，不少濒于死亡的黎民也重获生机，前后救得二三万人。他又让自己的弟子在各地广修道观，同时也挽救了一些荒废或遭兵火毁损的佛教寺庙和儒家文庙。几年下来，宫观大兴，遍布海内，庇佑了许多的苦难同胞。《栾城县太极观记》中说，因为丘处机的劝善止善，"凡前后所活，无虑亿万计"。所以南怀瑾先生说："当国家有难，受异族统治之下，一个新兴的道教宗派，做了许多保存民族命脉的工作，追怀千古，实在应当稽首无量。"即使在丘处机去世之后，他的弟子仍然在继续履行济世救民的职责。天兴二年（1233）蒙古大军攻破金首都南京后，百姓纷纷出逃。每日北渡黄河前往卫州（今河南延津）的人就有数千名。当时风寒刺骨，河岸两边寒气尤甚，被冻死、饿死的百姓无数；渡到河中因大风大雾而淹溺的百姓也是极多。而在卫州传教的全真弟子李志远目睹惨状，便赶紧前往救援，并在城北建灵虚观，持牒度人，赈灾济民，救人无数。

丘处机还不顾自己年迈体虚，在各地举行斋醮。正大二年（1225）九月，宣抚使王檝见荧惑星犯尾宿，主燕境有灾，请丘处机做法事。丘处机不取一文，亲自做斋醮两昼夜。正大三年正月，丘处机为盘山王栖云作"黄箓斋醮"三昼夜。五月大旱，丘处机亲自设醮求雨，共三天两夜，终于感动天地，降下滂沱大雨。正大四年自春至夏苦旱。丘处机又亲自做斋醮，并定于五月一日作祈雨醮，五月三日作贺雨醮。许多人担心贺雨醮无雨可贺。结果到了做醮之日，才作了一日法事，便喜获丰沛甘霖。此外，丘处机的弟子也在各地祈福做醮，给予了苦难苍生极大的精神慰藉。

除了这些实际事务外，丘处机在返回燕京之后，便着手安排重新编修《道藏》，将此事交予宋德方承担。这是道教史上，第一次也是仅有的一次，以单一教派之力编修《道藏》。此次编修后的《道藏》名为《玄都宝藏》，共七千八百余卷，比《大金玄都宝藏》多收一千四百余卷。全真道的教义在当时也得到了广泛的传播，其所倡导的"全真而仙""三教圆融""识心见性""积功累行""苦己利人"等基本思想被越来越多的人所接受。虽然外在环境是战火纷飞，苛捐杂税，灾害连年，但人们的心灵在这股清净玄风的感召之下，开始变得慈悲柔和起来。对外物的迷惘执着逐渐转化为对内在真性的觉悟追求。元好问在《怀州清真观记》中称颂全真道的教化之功，说即使是那些凶暴鸷悍、愚昧无知之人也都受到了感化。全真道不仅在社会大动荡、大破坏之际挽救老百姓的生命，而且也将焦灼炙热如大火般的"杀心"全力扑灭。

当然，也有人对丘处机的这套做法颇有微词。在丘处机去世后，耶律楚材在其所著的《西游记》一书中，对丘处机进行了猛烈攻击，并且罗列了十大罪状，主要内容就是丘处机欺君罔上，用虚妄怪诞之说蛊惑君心；学术不精，不通佛法；罔顾成吉思汗体贴所有出家人的心意，强占寺庙，独兴全真。这些批评从根本上而言，是数百年来佛道之间利益斗争的延续。耶律楚材所指责的欺君罔上，实际上只是应具体情况，丘处机所做的变通而已；至于不通佛法，丘处机也并非全知全能，耶律楚材也未必知晓道家的所有理论；强占寺庙，一是有成吉思汗明确的旨意允许；二则是当时中原兵荒马乱，与其让文庙佛寺荒废，不如变作享有特权的全真道观以庇护天下百姓。金元之际，百姓处于水深火热之中，第一要务便是济世保民。此时若仍然执着于教派之分、利益之争，反倒显得耶律楚材的胸襟不够开阔。

中原的全真道发展得如火如荼，大漠深处的成吉思汗仍然是军功赫赫。虽然成吉思汗虔心问道，对丘处机的话是深信不疑，但知晓和证悟并非一个层次。知晓只是日常有所听闻，凭借理性能够了解其中的内涵意义。证悟则往往要从百般生死磨难中得来，它不假理性，常常是醍醐灌顶、涵泳偶得。一旦觉悟，便身心受用，勤而行之。因此，成吉思汗尽管三番四次给丘处机传旨授权，极为诚心，但证悟总是自己的事情，旁人代替不得，更非广建宫观就可当下即悟。成吉思汗仍然只是一个听闻道法的普通人。在与丘处机分别后，坠马惊魂让他清心寡欲了一段时间。但时隔不久，便故态重萌，将丘处机的劝诫全部抛之脑后。正大二年（1225）秋，成吉思汗出征西夏。其间又驰骋畋猎，坐骑受惊后，再次坠马受伤。数日后，成吉思汗不顾伤痛，再攻西夏。终于贺兰山一战，灭西夏主力。正大四年春成吉思汗又挥鞭南下，进攻金朝。大战之中，还不忘派人传召丘处机，并改太极宫为"长春宫"，赐给丘处机虎头金牌。等到六月，常年征战、嗜欲恋色的成吉思汗终于病倒，于是驾车北归。在安静的病床上，成吉思汗才真正意识到世间功名的虚无，想起丘处机"恤民保众"的谆谆教诲。他对群臣说："我去年冬天就说过要不杀掠，现在下诏布告中外，让每个人都知道我的意思。"真是"人之将死，其言也善"。这位被西方人称之为"上帝之鞭"的战神，尽管所向披靡，攻无不克，但终究无法改变人之必死的结局。七月，成吉思汗在途经六盘山行宫时辞世而去，享年六十六岁。

而在六月二十一日，收到成吉思汗最后一封诏书的丘处机也因患痢疾而病倒了。六月二十三日，风雨大作，电闪雷鸣。门人向丘处机报告："琼岛的太液池南岸崩裂，池水涌入东湖，鼋鼍鱼鳖尽去，太液池水顷刻枯涸。北山口亦崩塌。"丘处机听完后，先是沉默良久，然后却笑了起来："山野摧折了，池也枯涸了，看来我也要随它们一同去了。"

七月四日，丘处机对他身边的弟子们说："以前马钰师兄跟我说，他死了后，全真道会大兴，全国各地都会有信仰全真道的人。我会住持大宫观，还有使者佩带金虎牌，让我掌管天下教门，那时就是我功成名就，归真之时。现在师兄说的话都一一应验了。现在全真道人才济济，里里外外都齐全，我死而

150

无憾了。"此后，丘处机的身体是每况愈下，一天要入厕多次。谁也找不到他，以为他躲起来了。门人弟子都要帮他，他说："我不愿意给人添麻烦，你们也各有各自的事情。况且卧病和休息也没什么不同。"七月七日，弟子拜见丘处机，告诉他："每日斋会，来的善男信女非常多，希望您能跟他们见上一面。"丘处机回答说："我后天到堂上与他们相见。"可是到了中午的时候（另一说是在七月九日），丘处机留下偈颂一首："生死朝昏事一般，幻泡出没水长闲。微光见处跳乌兔，玄量开时纳海山。挥斥八绒如咫尺，吹嘘万有似机关。狂辞落笔成尘垢，寄在时人妄听间。"便在葆光堂仙逝了，享年八十岁。

门人拈香拜别丘处机，众人哭着要见师父的遗容。临榻侍奉丘处机的张志素等人制止众人说："师父临终前留下遗言，命门人宋道安掌管教会的事务，尹志平做副手，张志松做第二助手，宋德方、李志常做教门顾问，全真道规划各种事情时，需找他们商量。"于是高举师父的《遗世颂》给大家看。第二天黎明，众人披麻戴孝行丧礼。来参加丘处机丧礼的人数以万计。头七过后，各地道人、俗众从远处赶来参加丧礼，悲痛不已如丧考妣。过了四十九天之后，宋道安以年老不足以维持教门为由，将掌教之职让于尹志平。尹志平再三推辞谦让，最后还是接受了他的委托。

正大五年三月一日，尹志平建议为丘真人建立供人瞻仰的纪念堂，位置在长春宫。四方百姓听闻后出钱出力，齐心协力终于在七月前修好了纪念堂。七月九日，大葬仙师。当打开灵柩时，丘处机的容貌肤色跟生前一模一样。瞻仰遗容的仪式进行了三天，远近的官员、士人、庶民、僧人、尼姑、善人、民众，每天来的都有上万人。看到这种情况后，都把手放在额头上，惊叹这神异的现象。不久，这个消息便传遍各地，倾心向道，供奉香火的人更胜从前，不可胜数。素来对丘处机抱有敬仰之情的宣抚使王檝也特意赶来，亲自为纪念堂题匾："处顺堂"，又题其观曰："白云观"。这就是北京白云观的由来（另一说为明成祖见白云从处顺堂升起，赐名为白云观）。因为这里是全真道第一丛林，又是丘处机开创的龙门派之祖庭，所以至今香火不绝，每年的庙会游客是络绎不绝。现在观中丘祖殿就是尹志平所建的处顺堂，历朝历代，香火鼎盛，是信徒瞻仰的必去之处。

　　丘处机修道一生，从寒暑不易的孤独"蓑衣客"到虎头金牌的国师"丘神仙"，外在的声望名利发生了翻天覆地的变化，而他始终真性不渝，以"苦己利人"为准则，自苦为极，忧心天下。修道时，深山寂寞而不怨；功成后，宫观鼎沸亦不骄。在传统道教衰颓之际，丘处机回归了原始道家，他和老子、庄子一样：众人在尘世间喧嚣自炫，而他们却选择了一条偏僻的"清凉路"；众人精细分明，钩心斗角，而他们却广博通达，淳厚宽宏；众人以金玉为贵，他们却"贵食母"：以回归万物的母体和本根——道为贵。在世道混乱苦难之时，丘处机超越了原始道家。也许老子会笑他，"圣人不仁，以百姓为刍狗"，你何必理会天下苍生？"飘风不终朝，骤雨不终日"，一切都会过去，何苦急于一时呢？庄子可能也会笑话他不自量力。七十多岁的高龄远赴万里大漠，想要"欲罢干戈致太平"，这又何异于举起自己的胳膊挡住巨大车轮前进的螳螂呢？但正是这个瘦弱的老人凭着一己之力，"知其不可而为之"，一点一滴地真正做到了济世救民、抚慰心灵，在纷乱之世寄予了民众和平安乐、全真而仙的期望。千百年来，又有几人能够与之匹敌呢？所以，时至今日，丘处机仍然被百姓所纪念。因为他早已不再只是一个全真道的掌教，而是天下人心目中的大英雄！

附 录

年 谱

1148 年　出生于登州栖霞县。乡人称他为"丘哥"。

1166 年　弃俗居于昆嵛山烟霞洞。

1167 年　投师王重阳。

1174 年　入磻溪修行。

1181 年　隐居龙门。

1188 年　见金世宗。

1191 年　紧罢全真，返归栖霞。

1219 年　成吉思汗遣使刘温前来征召。

1220 年　率十八弟子西觐。

1222 年　向成吉思汗三次论道。

1224 年　归燕京，住太极宫。

1227 年　病逝。

参考书目

1. 赵卫东辑校：《丘处机集》，齐鲁书社，2005 年。

2.〔元〕李志常著，党宝海译注：《长春真人西游记》，河北人民出版社，2001 年。

3.〔元〕李志常、耶律楚材著，纪流译注：《成吉思汗封赏长春真人之谜》，中国旅游出版社，1988 年。

4.〔清〕黄永亮编订，川蓬子校勘：《七真传》，团结出版社，1999 年。

5. 齐守成等校点：《全真七子全书》，春风文艺出版社，1989 年。

6. 唐代剑：《王嚞　丘处机评传》，南京大学出版社，2000 年。

7. 赵益：《丘处机》，江苏人民出版社，1999 年。

8. 张晓松：《丘处机大传》，青岛出版社，2005 年。

9. 赵卫东：《丘处机与全真道》，山东文艺出版社，2004 年。

10. 卿希泰、唐大潮：《道教史》，中国社会科学出版社，1994 年。

11. 麻天祥：《中国宗教哲学史》，人民出版社，2006 年。

12. 葛兆光：《道教与中国文化》，上海人民出版，1987 年。